JN438580

깡태의 꿈

깡태의 꿈

최 병 영　제 3 시 집

도서출판 천우

이제 쑥이나 뜯으러 가려니

봄꽃 흐드러지니 꽃향이 지천이다. 동백도 피고 매화도 피었다. 동백은 겨울나기 위한 꽃이고 매화는 봄을 기다리기 위한 꽃이다. 동백의 고혹적인 몸매에서 붉은 향이 우러났다. 매화의 고매한 품결에서 그윽한 향이 우러났다. 혹독한 한풍과 설한을 이겨낸 꽃일수록 향이 맑고 진했다.

시의 집을 짓고도 당호를 견인하지 못했다. 설악자락에서 황태로 쓰린 숙취를 달래고 있었다. 명천에 사는 태(太)씨 성의 어부가 처음 잡았다는 명태, 그들이 무한한 변신을 시도하고 있었다. 문득 황태의 반의어는 무엇일까 궁금해졌다. 막 잡아서 얼리기 전의 생태, 꽁꽁 얼린 동태, 꾸덕꾸덕 말린 코다리, 명태새끼 말린 노가리, 따뜻해서 거무튀튀해진 먹태, 너무 추워 하얗게 변한 백태, 흠결이 있는 파태, 머리 없이 몸통만 건조한 무두태, 내장까지 말린 통태, 바람에 덕대에서 떨어진 낙태…

인심 좋아 보이는 주인장은 너무 딱딱해서 제사상에나 올리는 것을 '깡태'라 부른다 했다. 사전에도 없는 용어였다. 이는 반상의 반열에 오른 존귀한 황태와 상반되는 개념으로 존재하는 태(太)의 통칭이라 여겨도 좋으리라 여겨졌다. 깡태는 바로 나 자신이었다.

이제 마침표 그늘에서 뒷짐을 진다. 하지만 온통 부끄러움이다. 시의 이마에 피가 서리지 않아서이고, 민중의 질박한 목청으로 절규하지 못해서이다. 시의 하해(河海)에 관념적이고 사변적인 사유가 범람했고, 창작이란 무념(無念)의 가치를 언어유희로 희롱했다. 동백과 매화를 탐했지만 감히 그 향까지는 우려내지 못했다. 모두 역량의 한계였다.

졸시 엮음에 축하 글을 주신 도서출판 천우의 金天雨 이사장님, 해박한 논리와 심안(深眼)으로 솔기를 더듬어 평설해주신 정남채 문학박사님, 문학 향기가 작품마다의 정수리에서 격정으로 승화하는 우리 시대 참문인 정성희 수필가님, 그리고 문학적 열망과 꿈의 치열한 의식으로 한국문학의 정도를 모색하는 (사)세계문인협회 윤지훈 사무총장님에게 감사드린다.

이제 날이 새면 들판에서 쑥이나 뜯어야겠다. 살랑대는 봄바람에 인생처럼 쓰디쓴 쑥향에서 시의 곁가지라도 하나 얻을지 모르기에, 열심히 쑥을 뜯다 보면 운 좋게 미나리도 한 줌 캘 수 있을지 모르기에. 봄은 원래 그런 거니까.

2013년 5월 어느 꼭두새벽에

아침이 오지 않는 밤

아침이 오지 않는
불면의 밤은 지속된다
고뇌의 입자들이 술렁이는 어둠의 심연에서
목마른 언어들은 밤새 신열을 앓는다

검붉은 소쩍새 울음으로
메마른 사구(砂丘)에 날아들어
의미의 성을 쌓아온 시어들
사념은 시행의 늪에서 광대처럼 분장하고
펜촉 끝에 외발로 서서
안타까이 보릿대춤을 추어댄다

바람결에 머리칼을 빗질한
상징과 함축과 심상이 실눈 뜨고
우듬지에 둥지를 틀어보지만
산사의 풍경소린 들리지 않고
빙하처럼 시린 적막에 난파되어
어스름 그믐밤

달빛에 능욕당한 여인조차
후려내지 못한다

별빛 한 줄기 솔기에 박음질하여
시의 행간을 채색하고
버들개지 움트는 비탈에 올라
건장한 줄기가 퍼 올리는 과즙으로
새 이력을 쓰려 해도
언어의 혈관은 조갈 들고
어둠의 등껍질은 철갑처럼 견고하다

사고의 이랑마다 고뇌가 여울지고
절대 고독이 서릿발같이 날을 세우는데
어둠은 연일 극점에서 소용돌이치고
아침이 오지 않는 밤은
뱀처럼 길다.

2013년 어느 봄밤이 무르터지는 시간에

언어의 꿈빛이 흐르는 서정 교향곡

金天雨
(사)세계문인협회 이사장, 시인, 평론가, 언론인

라일락 향기가 천지를 물들이는 계절의 여왕 오월에, 꽃보다 아름다운 명시집이 탄생했다. 당대의 서정 시인으로 자리매김하고 있는 최병영의 세 번째 시집 『깡태의 꿈』은 만인의 가슴을 꽃물 들이는 낭만의 가객임에는 틀림이 없었다.

언어의 전령사요 시의 화신인 화자는, 감칠맛 나는 그만의 시세계를 위하여 시인 특유의 감수성을 우려내고 있으며, 풍류를 가미시키는 시적 묘미 또한 장관을 이루고 있어 독자들로 하여금 징한 카타르시스를 전해주는 마법을 겸비하고 있다. 과히 시의 맛과 멋을 조화롭게 어우르는 시인 중의 시인이라 할 만하다. 그는 또한 수필가로서도 발자취가 화려하고 탄탄하여 감히 그 누구도 흉내 낼 수 없는 천재성과 작품성을 향유하고 있어 월간 『문학세계』에 매월 연재되는 〈시의 속살 이야기〉에서 언어의 속살을 탐미하는 매력에 빠져들게 한다.

매화는 일생을 추위 속에 살아도 그 향기를 팔지 않듯이 그의 빼어난 작품세계에서 만나는 무궁무진한 진풍경은 그만의 자존과 명명백백한 울림이 삼천리 방방곡곡에 번져갈 것이라 생각한다. 그는 〈자서(自序)〉에서 "시의 하해(河海)에 관념적이고 사변적인 사유가 범람했고, 창작이란 무념(無念)의 가치를 언어유희로 희롱했다"고 표현하였으나, 그 누가 여기에 동의할 것인가?

『깡태의 꿈』을 감싸고 있는 서정의 선율은 그의 전작들이 보여준 황홀한 언어 미학이 얼마만큼 진일보했는지를 보여주는 바로미터이다. 이 서정의 교향곡은 시인의 이전 시집들과 마찬가지로 인간의 심연을 한 차원 더 높은 곳으로 인도한다. 무엇보다 최병영 시인의 고독한 영혼의 관조가 돋보인다. 지금껏 누구도 행한 적 없는 이 서정 교향곡은, 서정적 감동의 파장과 더불어 묵직한 주제의식의 발현으로 더할 나위 없이 큰 기쁨과 감동을 선사한다. 그만의 시세계는 마그마처럼 끓어오르는 언어의 분화구이다. 최병영 시인이 발아시킨 영혼의 시어들이 독자들의 가슴속에서 꽃 피고 세상을 움직이는 거대한 담론(談論)이 되어 되돌아올 때, 우리는 진정 그의 진가를 알게 되리라.

창작의 뜨거운 열정을 토해낼 때 비로소 꽃보다 귀한 생명이 탄생된다. 그의 세 번째 시집 상재를 진심으로 축하하며 언어의 꿈빛이 흐르는 최병영 시인만의 붉고 푸른 청산도에서 살으리랏다, 살으리랏다. 그대, 세상에서 가장 아름다운 시인이시여…!

제1부

밤꽃 피는 마을

● 자서(自序)

● 서시(序詩)

● 축하의 글

송편 _ 19

행복한 세상 · 1 _ 20

행복한 세상 · 2 _ 22

첫눈 _ 23

연리지(連理枝) 사랑 _ 24

비익조(比翼鳥) 사랑 _ 25

밤꽃 피는 마을 _ 26

능소화 _ 28

낮달 _ 30

놋요강 _ 31

천국에 오르는 돌계단 _ 32

머리칼로 삼은 미투리 _ 34

그리움 _ 36

바보상자 _ 37

망상어 _ 38

물 두꺼비 _ 39

뱀, 그리고 끈끈이주걱 _ 40

진달래꽃 · 2 _ 42

제2부

해넘이의 불꽃들

굴렁쇠 _ 45
풍물놀이 · 2 _ 46
풍물마당 _ 48
꽹과리소리 · 2 _ 49
징소리 · 2 _ 50
해넘이의 불꽃들 _ 51
장구소리 · 2 _ 52
정선 아리랑 _ 54
수막새의 미소 _ 55
가야금 _ 56
가야금 병창 _ 57
오! 공옥진 _ 58
초분(草墳) _ 59
그대 오시기에 _ 60
천수관음(千手觀音) 춤 _ 62
도리깨질 _ 64

제3부

대숲에 이는 바람소리

부지깽이 _ 67
깡태의 꿈 _ 68
석방렴(石防簾) _ 70
대숲에 이는 바람소리 _ 72
줄 배 _ 73
매미, 혼으로 울다 _ 74
늦여름 매미 _ 75
검정칠판 _ 76
그대가 정녕 사랑하거든 _ 77
집게 _ 78
빈집 _ 79
달동네 _ 80
옹벽 _ 81
고봉밥 _ 82
입춘 _ 83
청바지 깁기 _ 84

제4부

먼 길 떠날 적에는

겨울 강 · 2 _ 87
기적소리 _ 88
먼 길 떠날 적에는 _ 89
길 _ 90
길섶에서 _ 91
그래, 네가 있었지 _ 92
인생 _ 93
뜨거운 여인 _ 94
아카시아 필 무렵 _ 96
청어 떼 _ 97
좌판 _ 98
낮술 취한 여인에게 _ 99
제 영혼을 갉아대는 별들 _ 100
어느 시비 앞에서 _ 101
어떤 저울 _ 102
달개비 꽃 _ 103
백남준이 오래 사는 집 _ 104
낙점 _ 106

제5부

새벽이여, 그리 오시게나

천지(天池) _ 109
파랑도 _ 110
동해에서 _ 111
서해에서 _ 112
남해에서 _ 113
격렬비열도 _ 114
우포늪 · 1 _ 116
우포늪 · 2 _ 117
그런 날엔 담양으로 가시게 _ 118
담양 소쇄원 _ 119
새만금 _ 120
남이섬 _ 121
수분령 고개 _ 122
새벽이여, 그리 오시게나 _ 123
남한산성 가는 길 _ 124
가족 나들이 _ 125
생존의 여정(旅程) _ 126
회화나무 _ 128

제6부

세상에 어찌 바람뿐이랴

촛대바위 _ 131
정선 오일장 _ 132
아우라지 처녀 _ 133
세상에 어찌 바람뿐이랴 _ 134
삼강주막 _ 136
세한도(歲寒圖) _ 138
고석정 _ 139
구곡 폭포 _ 140
부석사 _ 141
월정리 역 _ 142
철원 노동당사 _ 144
사과 꽃은 하얗게 피었는데 _ 145
마애삼존불상 _ 146
선비 촌 _ 147
심양 한국인 거리 _ 148
마두금 _ 149
안데스의 바람소리 _ 150
코끼리 타기 _ 151
로드 킬 _ 152

● 해설 1 _ 153
서정(抒情)의 지평 수놓는 현대판 두보(杜甫)의 부활(復活) / 정남채

● 해설 2 _ 173
멋과 풍류를 아우르는 이 시대의 진정한 문인 / 정성희

제1부

밤꽃 피는 마을

여름 한 철 폭풍우 지나고
서늘한 소슬바람 불어오면
알밤이 열락으로 속살을 열고
집집마다 씨알 밴 부녀자들
모진 산고의 진통 치르겠지
한밤에 밤꽃 흐드러진
두메 옴팡마을
아녀자들 옷 벗는 소리에
지나던 달도 은근히 곁눈질한다.

송편

하얀 쌀 반죽에
찰진 달빛 포개 넣고
조물조물
한가위 달을 빚는다

햅쌀밥
고봉으로 담아
조상신께 올리고
하늘 신과 땅 신께도
고수레하고

온 가족 정겹게 둘러앉아
햇솔 잎에 자르르 쪄낸
달을 먹는다

달빛에 젖은
하얀 마음들이
하얀 보름달을 먹는다.

행복한 세상 · 1

바람소리 상큼하고
강물 힘차게 돌아드는 어귀
파랑 쪼는 물새 부리 짙푸르다
함초롬히 아침 햇살 내려앉은
풋풋한 풀내음 차곡차곡 쟁이며
강둑 따라 사색에 잠겨 거니는 세상
참으로 얼마나 행복한가

누렁소가 풀을 뜯는 길섶
잠자리 잡던 추억 한 폭 펼쳐놓고
들바람에 실린 버들피리 소리 듣는다
아지랑이 모락모락 이는 지평에서
눈시울에 살근살근 감기는
감미롭고 살가운 정경들
꿈결처럼 돌아볼 수 있는 세상
정녕 얼마나 행복한가

거꾸로 서서 퍼렇게 갈기 세운
구각난 문명의 잔해들
질식할 듯이 꼿꼿한 직선도로와
권태로운 직사각형 구조물
어둠이 뱉어내는 도깨비불이 춤추는

그 작위적인 세상 켠켠에 자리 잡고
깡마른 소음과 혼탁한 매연으로 뒤척이는
방종과 오만과 편견 어린 세상
그마저도 얼마나 행복한가

암반 모서리 파고든 나무뿌리
시멘트 틈바귀에 줄기 세운 풀꽃
그 끈끈하고 집요한 생명력으로
자아존재를 여과 없이 수용하며
격정과 전율로 살아가는 세상
정녕 얼마나 행복한가
참으로 얼마나 행복한가.

행복한 세상 · 2

그가 걷는다. 중년의 중반쯤 된 사내
꾸부정한 팔 하나 가슴께에 얹고
다른 팔 힘겹게 노 저어
왼발 간신히 떼고 오른발 끌어간다
늘 곁에서 부축해주던 팔순 노모
벌써 며칠째 보이지 않고
혼자서 갓난애처럼 걸음마 시험하는
그는 옆구리가 무진장 시리다

태산 같은 중량으로 짓누르는
거친 세상 헤치는 서툰 걸음
집요하고 끈기 차서 뭉클한데,
예전에 교수였다는 그 사람
더딘 보행 제치고 쏜살같이 지나친다
은사시 가지에 둥지 튼 까치
오동통 살 오른 목청으로 지저귀는 공원
잔설 밀치고 봉긋이 움트는 꽃망울이
봄을 한 보시기 데우고 있는
평화롭고 안락하고 풍요로운 대지에서
살랑대는 바람 스쳐가는 나날
정녕 그 아니 행복한가.

첫눈

하늘 나직이 내려앉은 산골
능선이 솔기에다 바람결 문신하고
애절히 출렁이는 그리움의 타래
순정의 목화로 직조한
하얀 면류관 쓰고
계곡마다 송이송이 쌓이는
애틋한 연모의 잎새들

뭉클한 첫사랑의 사연
설화처럼 지피고
직선으로 꺾이는 사념의 갈피에서
은빛 날개 퍼덕이며
설레는 눈망울로 달려온
목마른 영혼의 춤사위

길 따라간 새 발자국에 고인
상서로운 사랑의 이야기
하얀 깃발로 나부끼며
짓무른 염정의 창가에서
탈피 끝낸 바람의 선홍빛 속삭임
그대 사랑하노라고
그대 사랑하노라고.

연리지(連理枝) 사랑

동트는 새벽 빗장 열고
봇물처럼 터지는 부신 햇살
질박한 옹기에 여며
천추의 숨결로 숙성시킨 사랑
우듬지에다 꿈 많은 둥지 틀고
그리움이 또 하나의 그리움 만나
화사한 꽃다지로 피어난다

순결한 영혼 도드라져
안온한 숨결로 순람(巡覽)하는 마당
쪽빛 하늘 바지랑대 받쳐놓고
천년을 눈부셔도 좋을
꽃 심지 환히 밝히는 화촉
별 떨기처럼 영롱한 사랑의 피톨이
동화 속 푸른 해원으로 굽이친다

해맑은 아침이슬로
가지마다 싱그럽게 새움 틔워
한 몸으로 영글었으니
연녹색 이파리에 내려앉는
찬란한 금빛 햇살
오, 눈 부셔라 눈 부셔라.

비익조(比翼鳥) 사랑

지독한 고통이었지
외눈과 외날개로 태어나
온전히 볼 수 없고 날지 못하는 숙명
세상의 조소와 멸시 속에
어둠을 사슬처럼 질질 끌고 다니며
생의 등줄기는 온통 응어리로 휘어들었지

그때, 사랑이 운명을 바꾸었지
난 임 위해 외쪽 눈 부릅뜨고
임은 날 위해 외쪽 날개 펼치고
둘이서 한 맘으로 부둥켜안고
험난한 질곡 헤쳐 가며
비로소 찬연한 꿈과 희망을 노래했지

노을 붉게 사위어가고
별무리 초롱초롱 돋아나는 밤
은하수 출렁대는 물결에
조각배 한 척 유유히 떠가고 있었지
물오른 갈참나무 씨앗
온후한 바람결에 실려 가고
영원한 사랑의 전설처럼
비익조 한 쌍 그렇게 날아올랐지.

밤꽃 피는 마을

밀밀한 밤나무 숲 어디선가
끈적끈적한 뻐꾸기 울음소리
오늘도 운 좋게 개개비 둥지 찾아
은근슬쩍 탁란(托卵)을 했나 보다
밤꽃 향내 쏠쏠한 봄날
어느 가여운 어미 새
흉포한 남의 새끼 키우며
노심초사 애간장 태우겠지

산골동네 밤느정이*
눈꽃처럼 쏟아지는 밤
꽃가지에 앉은 벌 나비
온몸에 샛노란 분칠하고
나신으로 이슥한 밤을 유혹한다
사랑이 지피는 달콤한 밀원(蜜源)
사르륵 사르륵
집집마다 여인네 옷 벗는 소리
뻐꾸기는 밤에까지 그악스럽다

밤꽃 지천으로 피면
통정하는 우주의 가쁜 숨소리
산천이 격동으로 땀에 젖고

능청능청 늘어진 가지마다
터질 듯이 부푼 사랑의 망울, 마을은
비릿한 향에 온종일 열병을 앓는다

여름 한 철 폭풍우 지나고
서늘한 소슬바람 불어오면
알밤이 열락으로 속살을 열고
집집마다 씨알 밴 부녀자들
모진 산고의 진통 치르겠지
한밤에 밤꽃 흐드러진
두메산골 옴팡마을
아녀자들 옷 벗는 소리에
지나던 달도 은근히 곁눈질한다.

* 밤느정이 : 밤꽃의 다른 이름.

능소화

세상의 꽃 중에서
이토록 애절한 꽃이 있을까
임과 나눈 단 하룻밤 열락
그리움 상사병 되어
담장 가 애잔한 꽃송이로 피어나니
행여 그림자라도 볼세라
행여 발소리라도 들을세라
넝쿨손 뻗어 담장 기어오르고
나팔 귀 쫑긋 세워 길목 지키는
애절한 비련의 꽃 등불

하얀 달빛 창가에 머물고
문풍지 한량없이 젖어드는 밤
임이 찾지 않는 고적한 날들
우아해서 더욱 시리고
화사해서 더욱 슬픈 황적색 꽃잎
생을 다하는 마지막 순간에도
화관까지 통째로 떨어져
빼어난 품격과 자태를 잃지 않는
구중심처 곱다란 여인

세상의 꽃 중에서
이토록 애틋한 꽃이 있을까
어둔 질곡에서도 하염없이 임 그리며
연모의 꽃술 활짝 여는
의연하고 고절한 사랑 꽃
부리에 독성 품어 살기에
임 아니면 누구도 어루만질 수 없는
궁중 여인 소화*의 구슬픈 꽃넋.

* 소화 : 능소화 전설의 주인공인 궁녀 이름.

낮달

강원도 두메산골
심마니 돌쇠와 나물 캐는 곱단이
진달래 필 때 앞산 오르고
단풍들 때 개울 내려갔네
산과 개울에서 사랑 쑥쑥 크더니
청보릿대 군데군데 드러눕고
물레방앗간 멍석 몽골해졌네

어느 아리게 꽃잎 지던 날
징용 끌려간 돌쇠
해넘이에도 소식 없고
물목 지켜선 곱단이
눈물방울 강으로 여울졌네
눈비 오고 바람 불고
강가 풀벌레 밤마다 애절했네

두메산골 돌아보고 돌아보며
연지곤지 찍고 시집가는 날
중천에 하얗게 낮달 떠올랐네
소실점 잃은 눈망울로
하염없이
산 너머만 바라보네.

놋요강

가뭇한 밤
새벽이슬 젖은 별빛
문풍지 비집고 각시방 들면
쏴아아아—
새하얀 보름달
놋요강에 폭포수 쏟아낸다

깊고 붉은 정염
스르르
치마끈 풀어지는 소리
마른 침 꼴깍 삼키며
흥건한 사랑의 격정 엿보다가
쏴아아아—
한여름 소나기 맞고
새벽잠 설친 놋요강

이른 아침 개울가
찬물 둘러 속 헹구고
각시 연지분 향에 설레어
온종일 기린 목 빼들고
관능적인 밤 그리는.

천국에 오르는 돌계단*

— 중국 노부부의 사랑에 대한 헌시

산새 부리에 쪼여
등줄기 휜 산비탈
사랑의 고통과 회한 꼭꼭 여며
비바람에 세운 돌계단
천국까지 드높이 놓으시고는
가뭇한 그림자 되어
정녕 그대 혼자 오르시렵니까

갈급한 세상의 질곡 헤쳐
풀꽃과 목근(木根)으로 연명한 날들
동굴 밝히는 애잔한 등잔처럼
가녀린 심지에다 불꽃 하나 지피고
석류 터지듯 쏟아낸
검붉은 숨결의 숭고한 연가
정녕 그대 혼자 여며 가시렵니까

선홍빛 노을자락에
채송화처럼 피는 그리움의 망울들
육천 개 사랑, 그 뜨겁고 설운 계단 올라
내 천국에 이를 것이니
쇠잔한 잿빛 하늘가 마중 나와
시린 손 잡아주소서

오, 임이시여
하얀 밤 절규로 일어서는 바람에
솔방울 툭 떨어지는 소리
연녹색 풀 향 저토록 질퍽이는데
툭, 저 소리.

* 돌계단 : 중국에서 미망인과 총각이 남의 눈을 피해 수십 년 동안 동굴에 은신해 살았는데, 먹을거리를 위해 매일 산에 오르는 아내를 위해 맨손으로 산비탈에 육천 개 돌계단을 쌓고 운명한 남편의 실화를 형상화함.

머리칼로 삼은 미투리

어이 하리오
정녕 어이 하리오
검은 머리 파뿌리 되도록
영원히 함께하자 골백번 언약하고
이제 와 낭군 혼자 그리 가시려오
산 넘고 물 건너 멀고 험한 길
가도 가도 동트지 않는 어둠 속으로
낭군 혼자 어이 가시겠소

내 삼단 같은 머리칼 뽑아
한 올 한 올 참빗으로 빗어
임의 미투리 삼아 드리오니
바람 따라 구름 따라 가던 길
예서 그만 뿌리치고 돌아오소서
정녕 이대로 가시면
임자 없는 미투리
어이 섬돌 위에 놓아둘 수 있으리오
눈물 질펀한 미투리
어느 누가 신을 수 있으리오

바람 시린 오늘도
달은 차서 심연으로 기울고

귀뚜라미 울어 밤 지새는데
예서 그만 무정한 걸음 멈추고
연정의 동심원으로 다시 돌아오소서
연보랏빛 쑥부쟁이 만발하여
창밖 뜨락엔 꽃 둘레 환하고
벌 나비 날아들어 그리움 망울지는데,

정화수에 말간 달빛 풀어놓고
간절히 염원하오니
세상에 오직 하나뿐인
낭군이시여.

*안동에서 분묘를 이장하던 중 조선 이응태의 부인이 죽은 남편에게 쓴 사랑의 편지와 머리칼을 잘라 삼은 미투리, 유복자의 배냇저고리가 발견되어 세상을 놀라게 했는데, 이 시는 그중 미투리를 소재로 시화했음.

그리움

초록이 자근자근
향기로 묻어나는 밤
바람은 초입부터 동동거리고
눈썹달이 채어 온 그리움 하나
창가에 웅크리고
잠자리 애벌레처럼 허물 벗는다

바람 부는 길목
도마 위에 세월 얹고
빗금으로 토막 쳐 온 날들
오늘도 태양은
뒷골목 목로주점에서
시원(始原)의 빛을 잃는다

박달나무 껍질 같은
어둠의 표피로도
그리움을 빚을 줄 아는 그대
애증의 날갤 펴고
고적한 창문 두드리건만
오로지 문풍지에 차오르는 건
해일 같은 바람소리.

바보상자

논뙈기 밭뙈기 나들며
해와 달 끌고 다니던 아버지
서둘러 산길로 가고
주야장천 긴긴 밤
외롭고 허망하여
치매조차 덥석 끌어안은 울 엄니

밤이면 느닷없이
탕탕 바보상자 두드리며
'날 봐요, 그만 나와요. 답답허잖요'
목멘 목소리에
은구슬처럼
눈물방울 맺혔다

아버지 넘어간 산길로
울 엄니 따라가고
밤이면 나도
탕탕 바보상자 두드린다
'엄니, 그만 나와요. 답답허잖요'
바보상자는 잠시
광대처럼 눈시울 붉히다가
분별없는 사랑놀음으로 뜨거워진다.

망상어

도대체 혈육이 뭐길래
물속 맴돌며 극한적 고통으로
산고 치르는 망상어
뱃속에서 목숨처럼 키워온 새끼들
어미 몸 빠져나오자마자
저마다 뿔뿔이 제 갈 길 떠나간다
눈길조차 주지 않고 돌아서는
바다의 매정한 이별

사력을 다하여 마지막 새끼까지
세상에 내어놓은 어미
탈진하여 해저로 가라앉는다
바다는 어미에게서
수많은 생명을 창조하고
하나의 목숨을 거두어 간다
혼신으로 거룩한 생을 다하고
자연으로 돌아가는 망상어

간신히 마지막 숨 몰아쉬는데
우르르 달려들어
포식하는 새끼들.

물 두꺼비

버들개지 만삭인 여울목에서
태양은 찬연한 빛이 되고
노루 꼬리에 감긴 가을
단풍잎으로 쥐불놀이하는 계곡
맑고 차가운 개울에
물 두꺼비 한 덩이로 뒤엉켜 있다
암컷 하나에 수컷 서너 마리
악착같은 짝짓기 싸움
새 생명의 지아비는 어느 녀석일까

검은색 얼룩 반점 박힌
암컷 한 마리
대낮에 남 보기 민망했나 보다
목에 매달린 황갈색 수컷들 짊어지고
온 힘 다해 풀 섶으로 이동하는데,

종족 번식 위한
본능적인 집착과 투쟁
집요하고 처절하여 눈물겹다
짝짓기 끝나면 뿔뿔이 헤어질 사이
누가 새 생명의 지아빈들 어떠리
씨 모르는 자식 저들만이 아닐진대.

뱀, 그리고 끈끈이주걱

스멀스멀,
하얀 망사허물 벗어 가시나무에 걸쳐놓고 덤불숲 들어 불시에 숨통 조이는 꽃뱀의 간교한 지혜. 갈라진 혀로 구릿빛 근육 핥다가 덥석 목덜미 물어 질식시키고 탈골 들어가는 경이로운 이탈의 형체여

아름다운 것은 늘 위험하거늘

길가에 핀 장미, 향 없어 지나쳤다가도 붉은 꽃술 탐스러워 욕정을 불태운 정념의 소용돌이. 끝내 가시에 심장 찔려 철철 피 흘리면서도 애절히 가시꽃 찾아 헤매는 청맹과니의 선홍빛 연정이여

습한 물가 끈끈이주걱*, 장밋빛 선모(線毛)와 끈적끈적한 점액질로 무장한 저 무시무시한 함정. 음험한 꽃등 화사하게 밝혀들고 주걱 잎으로 내품는 달콤한 유혹의 향기여

아름다운 것은 늘 위험하거늘

장미 숲에서 또 한 마리 꽃뱀이 꿈틀거리며 허물

벗는다. 막 화장 끝낸 끈끈이주걱이 요사한 입술 벌린다. 가까이서 노랑나비 하늘하늘 날고 있는 해질녘.

* 끈끈이주걱 : 그물망처럼 촉모(觸毛)를 펼쳐 곤충을 잡아먹고 사는 식물.

진달래꽃 · 2

어느 봄날 그녀 떠나고
해마다 봄은 속절없이 슬프다

투명한 햇살 쏟아지는 골짝
애달픈 소쩍새 울음으로
송이송이 꽃잎 둘러치던 뒷동산

흰 블라우스에 청치마
학처럼 청초하고 고운
딸 부잣집 둘째 딸
함께 꽃잎 따 먹으며
푸릇푸릇 마음 젖던 까까머리 시절

별처럼 초롱초롱한 눈망울
안개비 젖어
서울로 전학가고 나서도
아리게 산을 둘러치던
연분홍 꽃잎

어느 봄날 그녀 보내고
해마다 봄은 속절없이 아프다.

제2부

해넘이의 불꽃들

도드라지는 통한 삼키지 못하고
해원(解冤)하는 백학의 비나리
점액질 하늘은 오늘도 끝없이 작열한다
다시는 슬픔 없으라고
굴곡진 한 생을 또드락거리며
야위어가는 수평에서 달아오르는
저토록 세찬 열꽃들

굴렁쇠

굴렁쇠 굴러간다
황량한 지축 모서리
응달진 세상
빙글빙글
햇살 감아 굴린다

굴렁쇠 굴러간다
모래바람 거센 들머리
각박한 세상
빙글빙글
물소리 감아 굴린다

굴렁쇠 굴러간다
황량하고 각박한 세상
햇살 곰실거리는 마당에서
빙글빙글
굴렁쇠만큼 둥글어진다.

풍물놀이 · 2

— 시나위 · 28

초록이 타래로 사리는 아침
영롱한 이슬 또르르 구르는 숲에서
소리의 은실을 뽑아낸다
뜨거운 심장에서 격동 치며
혈맥으로 차오르는 소리의 진액
때로는 오솔길 꽃바람 되고
때로는 벼랑바위 폭포수 되는
두드림의 숭고한 미학들
민중이 치열한 삶으로 숙성시킨
웅려한 사물(四物)의 연둣빛 함성

달빛 환한 뜨락
뼈마디 깎는 인고의 시간
해일 같은 수액이 가락 되고
화산 같은 용암이 장단 되어
새날의 환희로 분출하는 불기둥
개체로 분화하여 독창적이고
전체로 통합하여 창대한 소리여라

동트는 태양의 빛살
마디마디 전율로 격동치는
검붉은 타악의 소용돌이

티 없는 숫돌로 결을 갈아
얼어붙은 대지 쓸어가며
부상(浮上)하는 신명이 생을 분출한다
오롯이 장구와 북의 소리길 트고
꽹과리와 징의 파장 열어
공명 깊은 해원으로 굽이치는
저토록 우람한 원초의 생명들.

풍물마당

— 시나위 · 29

어느 숨결 저리도 아린가
천년 세월 오롯이 품어
핏빛처럼 타오르는 절규
옹이 박힌 멍울 삭이지 못해
시린 하늘 애틋이 깃발로 나부끼며
뱅글뱅글
허공에서 마냥 휘도는
상모초리

어느 숨결 저리도 시린가
전생의 업보 서리서리 짊어지고
설움으로 망울진 꽃술
고욤나무에 앉은 선학처럼
무명자락 격정으로 팔랑이며
뱅글뱅글
허공에서 마냥 휘도는
부포송이

산등성이 돌아내려
잎새마다 원색으로 소용돌이치는
휘황한 꽃 등불들.

꽹과리소리 · 2

— 시나위 · 30

금빛 파장 파르르
일렁이는 불꽃
방목된 장단의 살점에
붉은 피 낭자하다

태초의 염원으로
두들길수록 강고해지며
무욕으로 태워지는 숨소리
혼을 살라 불춤 추며
꽃가루로 날리는
음(音)의 비늘들

바람소리 무심한 사념으로
굿판에 육신 내어주고
비우고 비워내어
빈자(貧者)의 가슴으로
사위어가는
검붉은 진혼곡

언젠가, 내 할배가
끙끙 짊어지고 산 고개 넘던
서러운 한의 불덩이.

징소리 · 2

— 시나위 · 31

푸른 정기 밀밀한
태곳적 원시림
어둔 숲 속 헤치며
사신(四神)의 웅혼 일깨우는
온후한 파동의 일렁임
유산의 원음(圓音)으로 환생하여
동녘 하늘 붉게 물들이는
저 면면한 민중의 숨결

들녘 논배미에서
벼 잎 스치는 바람결에 띄우는
황소울음의 긴 파장
이 땅에 씨 뿌리고 김매며
천년을 이어왔고
타작마당 덩실거리는 어깨춤으로
수억 겁을 더 이어갈
둥글고 둥근 메아리
무욕의 희열로 분수처럼 솟구치는
저 질박한 민중의 함성.

해넘이의 불꽃들

— 「신명나눔」 해보내기 굿에 부쳐 (시나위 · 32)

엷은 햇살은 진종일 핏기를 잃었다
삶의 여울목에서 질퍽이던
바람 불고 비 오는 거리
꽹과리 자지러지며 불꽃으로 이글거리고
삭이고 삭이며 한생을 건너온 길목
동강 난 어둠의 틈바귀에서
장구도 북도 선홍빛 격정으로 진저리쳤다

수장된 설운 넋 달래려
갯바위에서 생살 쪼아대는 바닷새
그날, 바다는 격동의 춤을 추고
파도는 갈기 세워 태산으로 요동쳤다
만삭인 한 벌의 죄를 다스리기 위해
폭풍 속에 내지르는 징의 고함소리

도드라지는 통한 삼키지 못하고
해원(解寃)하는 백학의 비나리
점액질 하늘은 오늘도 끝없이 작열한다
다시는 슬픔 없으라고
굴곡진 한 생을 또드락거리며
야위어가는 수평에서 달아오르는
저토록 세찬 열꽃들.

장구소리 · 2

— 시나위 · 33

잘록한 오동나무통
굿거리로 두드리면
소가 울고 말이 운다

한겨울 비탈에 선
나목(裸木)
벌거벗고 한설 나며
오음계로 새긴 바람소리
천공(天空)에서 노래하는 밤
수북이 내려앉은 눈덩이에
가지 부러지고야 비로소 득음한
목울대 뜨거운 화음의 태동

오동나무 장구통에
소리를 배설하는 동물들이
마지막 숨으로
가죽에 슬어놓은 순금의 언어
궁편과 열편을 박차고
푸른 날개 퍼덕이며
가없는 창공으로 날아가는
거룩한 성대(聲帶)들의 포효

잘록한 오동나무통
세마치로 두드리면
개가 울고 노루가 운다
늪에 빠져 허우적거리며
조금씩 생명을 잃어가는
내 울음소리 닮은.

정선 아리랑

— 시나위 · 34

–눈이 올라나, 비가 올라나
만수산 먹장구름 몰려드는
강원도 두메산골
굽이굽이 열두 고개 넘으며
능선처럼 비탈진 노래 한 곡 흥얼댄다
슬픔과 설움으로 닳고 닳은
한 많은 곡조
치렁치렁 늘어지는 느릿한 타령

–명사십리가 아니라면은 해당화는 왜 피며
 모춘삼월이 아니라면은 두견새는 왜 우나
한 소절 한 소절
부적처럼 끌어안고 아리게 살아가는
깊고 애절한 노랫가락
곡진하게 온밤 지새우며 불러도
가슴에서 오히려 뜨겁게 울겅거리는
등나무 껍질 같은 설움덩이들

싸리 골 올동백 다 지는 계곡
사랑과 이별, 그리움과 아픔이
한으로 애절히 굽이치는 정선
–아리랑 아리랑 아라리요.

수막새의 미소

메마른 세상 아무리
모래바람 들이쳐도
참꽃같이 화사한 미소
저리 한 번 크게 웃어봤으면
천년 세월 청기와에 녹아든
얼굴무늬 수막새
저 푸근하고 무량한 너털웃음 소리

매운바람 거센 처마 끝
스며드는 빗물 온몸으로 막아내며
세월에 닳아온 고난의 흔적들
새벽이슬에 상처 난 넋을 씻고
아픔과 시련 웃음으로 승화하며
햇살처럼 터뜨리는 박진한 미소

고달픈 세상 아무리
진눈깨비 몰아쳐도
박꽃처럼 후덕한 미소
저리 한 번 밝게 웃어봤으면
어스름 무렵
고샅에서 할배가 터뜨리던
주름 골 찰랑대는 너털웃음 소리.

가야금

— 시나위 · 35

한여름 밤
팽팽한 열두 줄에 올라
부윤한 달빛 안고
너울너울
춤추는 여인

은하수 저편
징검다리 건너다
달빛에 능욕당하고
찔레꽃처럼 하혈하는
여인의 울음소리.

가야금 병창

— 시나위 · 36

뜨겁고 애절한
사랑가 한 소절
팽팽한 정념의 줄에 퉁겨
임에게 보낸다

그리움이
어리굴젓처럼 곰삭은
추임새
한 보시기 얹어

오늘 밤
애틋한 사연 따라
가만가만
달그림자 밟고
오시라고.

오! 공옥진

이제 모진 설움 훌훌 털고
신성한 은하의 무대 올라
맘껏 창무극 펼치시구려
곱사춤 문둥이춤 앉은뱅이춤 외발춤
그 끈적끈적하고 슬픈 날의 애환
익살스럽고 천연덕스럽게
걸쭉한 판놀음으로 엮으시구려

그토록 곤혹스럽던 세월
슬픔은 웃음으로 정화되고
고통은 신명으로 승화되어
내면에서 푸지게 차오르는 춤사위
게걸스런 풍자와 해학으로
못다 푼 응어리 꺽꺽 토혈하시구려

거기서는 아무런 눈치도 보지 말고
다리 밑 문전걸식도 말고
별 떨기 반짝이는 꽃 무대에서
오롯이 판소리 푸지게 박도 타고
새하얀 명주 훨훨 날리며
살풀이 한마당 푸지게 펼치시구려
거기서는 거기에서는.

초분(草墳)

불면의 바닷가
하얗게 소복한
해안선의 질척한 곡소리
초분*에 눈 내린다
떠나지 못하고 섬을 맴도는
한 많은 혼의 오열

먼바다 고기잡이 나간 어부
문고리 짓무르게 기다리며
수평선 끝머리 태우는 노을
그 한 자락 부여잡고
동백 꽃잎 섧게 진다

영등할머니 오시는 이월
삭은 이엉 덮고 누워
달빛으로 별빛으로
하얗게 부서져 산화하는
돌 고임 초분
저 시린 바람소리
저 아린 파도소리.

* 초분 : 시신을 바로 땅에 묻지 않고 일정 기간 짚으로 덮어 가묘(假墓)하는 장례법.

그대 오시기에

— 창녕 15호 고분 순장녀 송현이

그대 오시기에
계절은 그토록 붉었나 보다
그대 오시기에
바람은 그토록 소슬했나 보다
가야 고분 헤치고 나온
열여섯 살 마지막 순장녀
천오백 년 저편의 가슴 아픈 이야기
그렁저렁 풀어놓는다

한쪽 귀 금동 귀걸이 달고
부장품과 함께
비사벌* 둔덕에 잠들었던 송현이*
운명 따라 순정으로 갔던 길
영원의 숨결로 창녕에 돌아왔다
멀쩡한 생목숨 매장당해
음습한 무덤에 들던 날
얼마나 두려웠을까
얼마나 서러웠을까

그대 오시기에
계절은 그토록 따스했나 보다
그대 오시기에

별빛은 그토록 맑았나 보다
긴 목에 갸름한 미모
아련한 눈망울의 사슴 같은 여인
구불구불한 역사 뒤안길 헤쳐
문명의 이름으로 복원해낸
채 피우지 못한 연분홍 꽃잎
아리고 아려 가슴 시리다

아름다운 그대여,
이제 암울하고 어둔 무덤 헤치고
햇빛 부신 세상
불멸의 이름으로 섰으니
박꽃같이 환한 미소 지으시게나
볼우물 깊이 맑은 웃음 띠우시게나.

* 비사벌 : 가야시대 경남 창녕의 옛 이름.
* 송현이 : 창녕 15호 고분에서 발굴한 순장녀의 인골을 현대과학으로 복원하고 송현동 지명을 따서 붙인 이름.

천수관음(千手觀音) 춤

너무도 심장이 격동 쳐서
나는 감히 숨을 쉴 수 없다
망막 부시고 현란한
황금보살의 천수관음* 춤
신기 내린 무녀가 시퍼런 작두 타듯
바람의 무게마저 잘라버리고
번뇌와 상념 훨훨 날리며
천 개 봉오리 빛살로 태동한다

황금빛이 광배(光背)로 빛나고
어둔 세상 맑게 정화하여
한 떨기 연꽃으로 피어나는 환희
날개 잃은 새가 하늘을 날고
지느러미 꺾인 물고기가 바다를 유영하고
만상이 새 생명의 형상으로 깨어나는
무한한 원형질의 신비
관음보살이 천수의 빛으로 부활한다

보드랍게 흐르는 현의 음결
사면에 격동치는 장쾌한 북소리
한 소절 한 음보도 들을 수 없는
청각장애 무희들

미세한 진동의 음파
천고의 맥으로 수혈하여
일체의 몸짓으로 발현하는
신비로운 천상의 춤사위

숭고한 불멸의 광휘
저토록 장엄히 사바를 사르는데
뉘라서 감히 어둠에 들 수 있으리
뉘라서 감히 염원을 거스를 수 있으리
솔 껍질처럼 트고 갈라진 세상
짓무른 상처마다 딱지로 아무는
신성한 천수관음 춤
오, 눈부신 황금빛 광채여.

* 천수관음 : 천 개의 손바닥에 눈이 있어 중생을 그 눈을 통해 구제한다는 의미의 중국 청각장애 여무용수들의 춤.

도리깨질

푸른 하늘 칭칭 휘감아
벼락처럼 내려치는
모진 매타작
녹슨 낫이 바람을 베는 마당에서
흠씬 두들겨 맞으며 자지러지는
검붉은 피톨의 형해(形骸)

햇살 당찬 세상
무슨 원한 있어
저리 얻어맞을까
전생에 무슨 업보 지어
바스러지는 비명 내지를까

불협화음의 일상이 어둠에 매몰되고
차가운 별무리 찬찬히 이우는 밤
바람에 맞서는 풀꽃처럼
맞을수록 고개 들고
피투성이 되어 일어서는
저 무서운 항거의 몸짓.

제3부

대숲에 이는 바람소리

뉘엿뉘엿 해거름에
바람 한 줄기 대숲에 든다
댓가지가 비켜주는 바람길 따라가며
대숲을 마구 쪼아댄다
달빛 알갱이 덮고 하룻밤 유숙하려는 새들
바람의 날갯짓에 휘둘려 뒤뚱댄다
바람은 대숲에서 붉은 눈을 뜨고
꼿꼿한 댓줄기 타고 올라
우적우적 속살을 파먹는다

부지깽이

거짓이 진실로 탈을 쓰는 세상
먼저 불구덩이에 들지 않고
어찌 남더러 들라 할 수 있으리
먼저 타드는 고통 없이
어찌 다른 것들을 태울 수 있으리

불같은 생이 분출하는
부엌 아궁이
어둠의 각질들은
거북 등피처럼 질겼다
거짓의 표피들은
도요새 부리처럼 집요했다

오늘도 칠흑 같은 탈들이 난무하여
화상으로 짓무른 상처
어금니 악물어 참아내고
전장의 용사처럼
검붉은 화염 속에 뛰어든다
어둔 세상 밝히기 위해
온몸 던져 스르르 불꽃이 된다.

깡태의 꿈

눈비 맞으며 고행한다고
세상의 모든 명태
어찌 황태로 태어날 수 있으리
황태 되다 만 변변찮은 깡태
그도 근본은 명태 아니랴

설악이 품어 안은 태(太)의 무궁한 변신
노릇노릇 육질 연한 황태 되려
아가리 꿰어 덕장에 목매달고
눈보라에 몸을 던진 하 많은 날들
뼈마디 깎는 고통 극복하고도
종래는 딱딱한 깡태 되고 만 것을

아무리 작심하고 수행한들
세상의 모든 명태
어찌 존귀한 황태로 변신할 수 있으리
황금빛 빛나는 황태 있으면
볼품없는 깡태도 있기 마련인 세상
어찌 황태만이 존귀한 가치랴
새 호적 갖기 위한 극한적 고행
그 만으로도 이미 제 소명 다했거늘,
무녀리도 당당히 살아가는

푸근한 세상 염원하는
깡태의 간절한 기구(祈求)

너른 바다 자맥질할 때는
무시로 폭풍우 일고 파도쳤지만
명태로서도 충분히 행복했거늘
고향 바다 자유로이 유영하며
뜨거운 열정으로 살아온 날들
황태 아니라도 그리 행복했거늘

사선(斜線)으로 눈 날리는 설악
덕장 서까래 한켠에 목매달고
눈물로 어둠 헤치며
깡태는 아련히 먼 바다를 꿈꾼다.

석방렴(石防簾)

이대로 끝인가
이리도 허망이 끝나고 마는가
가풀막진 인생길 정한을 풀무질하며
바다의 속살 헤쳐 자맥질해온 삶
물골마다 고통이고 설움이고
눈물 삭여온 아픔이었거늘
정녕 이대로 끝이란 말인가

매몰찬 바다
포효하며 우르르 몰려들었다가
나풀거리며 스르르 물러갔다
돌아선 바다 뒤통수는 상흔처럼 푸르렀다
바다가 내빼는 줄 모르고
멸치 꽁무니 쫓다가
덜컥, 석방렴 안에 갇혔다
돌담으로 빙 둘러친 장벽
둘러도 둘러봐도
생의 물꼬는 트이지 않았다

굶주린 숭어 떼
아가미 쩍 벌리고 달려들었다
가쁜 숨으로 도망치느라

가시 돋친 비명이 바늘쌈처럼 꽂혔다
한참 후, 바다 뒤척이는 소리가 들려왔다
바닷새가 파도더미 쪼아대자
탈피하여 더욱 커진 바다가
잰걸음질로 달려오고 있었다
그래, 이제 조금만 더 버티면 된다
드높은 파도 타고 울 넘으면
등 푸른 자유가 너른 품을 내줄 것이다

마른 침 꼴깍 삼키는데
촘촘히 엮은 뜰망 하나 내려와
배지느러미 들어 올리고
비릿한 해풍이 맨살을 훑어댄다
팔딱팔딱
대바구니 속에서 숭어가 뛰어댄다
검붉은 노을 속으로 수평선이 침몰한다.

대숲에 이는 바람소리

뉘엿뉘엿 해거름에
바람 한 줄기 대숲에 든다
댓가지가 비켜주는 바람길 따라가며
대숲을 마구 쪼아댄다
달빛 알갱이 덮고 하룻밤 유숙하려는 새들
바람의 날갯짓에 휘둘려 뒤뚱댄다
바람은 대숲에서 붉은 눈을 뜨고
꼿꼿한 댓줄기 타고 올라
우적우적 속살을 파먹는다
대나무 혈관으로 바람이 흐르고
몸 시린 댓가지가 부르르 경련한다
거친 바람에 허리 꺾인 대나무가
힘주어 몸을 곧추세운다
여기저기서 툭툭 부러지는 비명소리
상한 관절들이 검은 피 쏟아내고
바람이 덜미에다 혈인(血印)을 찍어댄다
대나무엔 사시랑이가지까지 바람이 걸터앉고
죽순은 바람의 무늬로 몸을 칭칭 둘러댄다
아가미 부픈 어둠 한 장씩 덮고
대숲에서 숨죽이던 텃새들
달 눈썹 가장자리에서 울먹이다가
가만히 깃털 빠진 나래 편다.

줄 배

햇살 첨벙대는 섬진강 어귀
무명천 쪽물 들여 드넓게 펼쳐놓고
퍼런 물비늘 세워 파닥이는
깊고 고요한 강
노인과 부녀자 서넛 태우고
물마루 헤쳐 가는 줄 배
송이버섯 산나물 꾸려
읍내 장터 나갔다가
해 설피 저물 무렵 되어서야
헛헛한 대처 이야기와
비린 생선 서너 마리 싣고
지워진 뱃길 새로 놓으며 돌아온다

질긴 인연의 숙명처럼
줄을 당겨 건너는 강
정으로 만나 정으로 살아가던
고향 사람 외지에 내보내고
빈 배로 돌아오며 눈시울 붉어진다
대처로 떠나간 사람들
뱃전에 서린 숨소리 도드라져
강심에서 더딘 걸음 멈추고
오월처럼 푸르게, 푸르게 젖는다

매미, 혼으로 울다

신 새벽 동녘의 떫은 살점
한 입 뭉텅 베어 물고

꼿꼿한 햇살 분지르는
격한 소리

그대 있어 여름은 뜨겁고
오늘도 태양은 실핏줄까지 타든다

이파리 무성한 나뭇가지
그늘 속 슬픔마저 승천하는 살풀이

질긴 해 뭉크러져 저리 아린가
긴 세월 으깨어져 저리 저린가

뜨거운 바람결 두드리는 소나기
자진모리 추임새로 가쁜데,

사랑은 숨을 태우는 열병이라고
사랑은 혼을 사르는 형극이라고.

늦여름 매미

세상에 태어나 한 번쯤은
늦여름 매미로 살아야지

시간의 잎맥 초록으로 영근 풀숲
풀무치 슬픔 동이 나서
울음소리 접은 어스름, 매미는
후박나무에 걸린 어둠의 덜미 부여잡고
더듬이 세워 벽력같이 화염 터뜨린다

어둑한 땅속 헤치고 나와
반짝 사는 한 생의 막바지
초록의 음결 직조하여
소나기처럼 쏟아내는 혼의 탄주(彈奏)
애절하고 애달파서
하늘도 겨웠던 어깨를 들먹인다

그대 사랑하노라고
그대 사랑하노라고

그래, 세상살이 한 번쯤은
늦여름 매미처럼 뜨겁게 살아야지.

검정칠판

새 교실에 검정칠판을 달았다
아이들의 총명한 눈망울이
보석처럼 박혀 청옥으로 빛났다
칠판에는 바이올린처럼 시가 흐르고
역사가 파쟁으로 드잡이질하고
이념이 색깔별로 편 가름하고
꼬부랑 글씨와 아라비아 숫자가 일등을 다투다가
한순간에 흔적 없이 지워졌다

교문을 나설 즈음
검정칠판이 희끄무레해졌다
가식 없는 목청들이 질박하게 외치던
정의와 도덕과 양심도
덩달아 흐려졌다
창문으로 폭풍우 들이치고
칠판의 내장이 무참히 찢겼다

구멍 난 헌 양말짝처럼
칠판의 생명이
그렇게 끝나가고 있었다.

그대가 정녕 사랑하거든

— 대한민국 학부모에게 고함

오지랖 넓은 그대여
사랑하거든 차라리 침묵하라
교권 추락으로 허실해진 교실
가벼이 스치는 숨결조차 상처일지니
상처 자국 퍼렇게 멍들지니
낡은 창틀 먼지 한 점 닦지 말고
뿌연 칠판 글씨 한 자 지우지 말고
꽃삽도 물뿌리개도 내려놓고
그냥 멀찍이 비켜서서
사랑으로 그렇게 침묵하라

비바람 고달파야 광풍에 일어서고
모래 벌 목말라야 사막을 건널지니
들꽃 화분에다 옮겨 심지 말고
가지 구부려 철사 동여매지 말고
때로는 그믐달에 가슴 시리게
때로는 밤이슬에 옷깃 적시게
눈 감고 귀 막고
그냥 멀찍이 비켜서서
바위처럼 그렇게 침묵하라
사랑하거든, 정녕 사랑하거든.

집게

집게는 늘 집이 문제다
태어나자마자 숙명적으로
평생 집을 짊어지고 사는 신세
부동산 투기로 전국이 술렁이고
전세마저 불시에 폭등하여
바늘귀에 몸 쑤셔 넣고 사는 세상
가만있어도 한없이 무거운 집

썰물 든 바다 웅덩이
치열한 먹이사슬 전쟁
살아남기 위하여
온종일 죽은 패각 등에 지고
먹이 찾아 이동하는 집게
주거 욕심 한량없어
남의 호화주택 차지하려 싸우다
살던 집마저 빼앗기고
졸지에 노숙자 되고 마는
황당한 녀석도 있고,

험난한 세상
삶과 죽음이 공존하는 갯벌
집게는 늘 집이 문제다.

빈집

누가 살았을까
어찌 살았을까
도란도란, 언젠가는
형광등 환히 밝히고
웃음소리 담장으로 철철 넘쳤을
뒷골목 빈집

접근금지
무단쓰레기 금지
잡초더미 속에서 불쑥 일어서는
화약 같은 붉은 경고문들
수문장 되어
녹슨 철 대문 가로막고

정에 굶주린 담쟁이
악착같이 담벼락 기어올라
오가는 이에게 덩굴손 뻗치는데
머물 곳 잃은 바람 한 줄기
휑하니 돌아나가는
고요의 심연.

달동네

비탈진 굽잇길
여우재보다 높이 오르면
이웃 간에 실핏줄까지 내비치며
달을 안고 사는 달동네
고향 떠나온 사람들
저마다 양손에 연탄 들고
가파른 계단 올라
흙집에 들어 오순도순 산다

아이들에겐
공놀이 자치기 고무줄놀이
신나는 놀이동산이련만,
밤이면 달빛 한 동이 이고
별무리 세며 살아가는
아스라한 동네

언젠가부터
바람 휑한 골목
달그림자 따라 한둘 떠나가고
단단히 입 봉한 우편물만
하염없이 주인 기다리는
달 언저리 달동네.

옹벽

어디로 가야 하나
목말라, 타는 듯이 목말라
물 한 모금 찾아 나선 두꺼비
발 헛디뎌 빠진 배수로
아스라이 드높고 가팔라
철옹성 같은 수직 절벽
가도 가도 황량한 미로

어디로 넘어야 하나
이 옹벽만 넘으면
길 건너 숲 속
다디단 옹달샘 고여 있으련만
바람결 스산스레 일렁이고
옹벽에 갇힌 생의 중량 천근이다

오로지 살아남기 위한 일념으로
펄쩍펄쩍
수평을 뚫는 절박한 뜀뛰기
극한점에서 심장마저 터질 듯한데
붉은 눈 부릅뜨고
이글이글 타오르는 잉걸불
저 포악한 태양의 광기.

고봉밥

허구한 날
허기져 사는 순근이
하얀 고봉밥에 얼굴 묻고
숟가락질 부산하다
뼈마디 욱신거리는
머슴살이 이십 년

딸, 딸 그리고 또 딸
헐벗고 굶주린 계집애들
단칸방에 여섯인가 일곱인가,
김 모락모락 이는
찰진 이밥 넘기다
딸년 생각에 목메어
국물 후루룩

스산하게 낙엽 지는 날
우마차 타고 가는
북망산 행차 때도
지게질로 닳고 닳은 길
고봉밥 허리 휘게 익는
들논 앞에 묻히더라.

입춘

일회용 커피를 탄다

손바닥만 한 유리창으로
집 뒤 텃밭 풍경 들이치고
찻잔에 눈꽃 무성해진다

밭고랑마다 푹신푹신
두툼한 목화솜 이불 덮고
한겨울 나는데,

어디선가
점점 또렷해지는 봄의 헛기침 소리
겨울은 홑이불처럼 엷어지고
찻잔에서 실실 버들개지 움튼다

커피잔 저을 때마다
가까이서 얼음장 깨어지고
개울물 졸졸거리는 소리

행여, 홑이불 더 엷어질까 봐
흘끔흘끔
곁눈질로만 밭고랑 훔쳐본다.

청바지 깁기

시골에서 올라온 할미
한밤중에 가만가만 반짇고리 찾는다
누가 들을세라 나직이
하늘 꺼지는 장탄식 소리
오죽이나 살림살이 어려웠으면
무릎 떨어진 청바지

애비 직장 잘 다닌다더니
그간에 뭐가 잘못된 걸까
맞벌이 며느리 얼마나 고단했으면
찢어진 옷 그냥 입힐까

그렇잖아도 어둑어둑한 눈
봄날 아지랑이처럼 가물대는데
야맹증 걸린 불빛 빌어
간신히 바늘귀 꿰고
한 땀 한 땀
정성 들여 청바질 깁는다

이른 아침 손녀딸 소풍날
비단 폭 찢어지는
소프라노 비명소리.

제4부

먼 길 떠날 적에는

먼 길 떠날 적에는
시려도 돌아보지 마소서
가슴 가득 차올랐던 환희와 유열
비워내지 못한 슬픔과 미련
그냥 제자리에 두고
이우는 밤 그윽한 달빛처럼
느긋느긋
구름 따라 그리 가소서

겨울 강 · 2

사람들이 떠나간 강가
풍성했던 사연들도 함께 떠나가고
잔물결 이는 물골
갈대숲에 철새 자국 무성하다
강은 침묵으로 적막을 말하고
삭풍 언저리 물질하던 쇠기러기
둥지 찾아들어 언 부리 녹인다
여리기에 더욱 질겨야 할 생명들
피라미와 민물새우도 잘 있겠지

얼음 지치고 팽이 치던
고사리 손 그리운 나루터
조각배는 더 이상 강으로 나가지 않고
강은 찬찬히 가장자리 에둘러
눈꽃 자수 놓은 목화 솜이불 펼친다
바람이 갈대밭에서 숨바꼭질하고
강은 돌아 흘러 은빛 노랠 부른다
물새들 부리나케 물갈퀴질하며
강 한 자락 나루터에 동여매는데,

세상에 영원한 것은 없고
세월은 또 이렇게 강물 따라 흐른다.

기적소리

미지에 대한 동경처럼
기적소리는 늘 산 너머에서 살았다
보이지 않는 곳에 토굴 짓고
철길 따라 한 생을 부풀리며
끼니마다 아궁이에 불을 지폈다
기적소리 몇 개는 아버지의 것이었다

기차는 멀어져도
기적소리는 꿈을 지닌 이의 것이었다
기적소리는 멀어져도
꿈을 지닌 이는 기적소리를 들었다

증기기관차가 사라지면서
굴뚝 연기도 사라지고
꿈과 동경도 사라졌다
꿈을 동경하던 이들이 떠나가고
아버지는 더 이상 기적을 만들지 않았다

오늘도 산 너머에서 기차가 달린다
뻴쭉한 기적소리 어설픈데도
진화하는 속도만은 파릇한 청춘이다
뼈 앙상한 문명이 바퀴를 굴리고 있다.

먼 길 떠날 적에는

— 낙엽

먼 길 떠날 적에는
아려도 돌아보지 마소서
인연의 정에 매인 만상들
그냥 제자리에 두고
바랑 지고 산문 나서는 행자처럼
휘적휘적
바람 따라 그리 가소서

먼 길 떠날 적에는
시려도 돌아보지 마소서
가슴 가득 차올랐던 환희와 유열
비워내지 못한 슬픔과 미련
그냥 제자리에 두고
이우는 밤 그윽한 달빛처럼
느긋느긋
구름 따라 그리 가소서

먼 길 떠날 적에는
오롯한 사연 몇 개 괴춤에 차고
바람처럼 구름처럼
초연한 눈망울로
그리 가소서.

길

하룻밤 자고 나면
무수히 생겨나고 사라지는 길
주둥이 큰 표주박으로
퍼내고 퍼내도 출렁이는 애수
길이 시작되는 곳에서 길을 열고
길이 끝나는 곳에서 길을 접는다

이끼 핀 길을 걸으면
모과처럼 탱탱한 동녘의 수레바퀴
홍시처럼 물컹한 서녘의 꽃 등불
한 소쿠리 사연으로 마중 나오고
뼈마디 쑤시는 생의 여백에
앞서 간 누군가의 진솔한 흔적들
고뇌와 아픔과 설렘으로
발자국마다 서린 뭉클한 이야기

곧은길에서 굽은 길로
신작로에서 오솔길로
끊어진 길에 길을 이어놓고 거기서
아릿한 추억을 만나고
애절한 그리움을 만나고
차오르는 희망을 만난다.

길섶에서

산모롱이 나직이
잿빛 구름 내려앉고
길이 실패처럼 능선을 감는다
저 길에서 얼마나 많은 사연들이
안개꽃으로 돋아나 벙글어졌던가.
저 길에서 얼마나 많은 시간들이
편린으로 찢겨져 바스러졌던가

비바람 뚫고
눈보라 헤치며
무던히도 멀리 걸어온 길
예까지 이르렀으면
그만 돌아설 만도 하련만
길은 초록 눈썹 치뜨고
산 너머로 구불구불 새 길을 놓는다

가시 억센 밤송이에 찔리며
산정(山頂)에 오르는 길섶
선혈 낭자하게 동백 지고
오솔길 추적추적 보슬비에 젖는다.

그래, 네가 있었지

— 술이란 녀석 · 1

때로는
먹빛 어둠 가르는
한줄기 섬광이고저
거친 몸짓으로 만상을 휘젓는
한 무더기 돌개바람이고저
생의 고비마다 불현듯 달려와
찌릿찌릿
전율로 심장을 덥혀주던
그래, 네가 있었지

언덕배기 미끄러워 굴러 내리고
다리 난간 매달려 대롱거릴 때
'참이슬' 맑은 눈빛으로
새로운 세상을 열던 그대
'처음처럼' 순수하게 살아가자고
다정하게 속삭이고 다독이던
그래, 네가 있었지

적요한 영혼의 정수리에
황망히 불길 지피고
천연덕스럽게 뒷짐 지고 바라보는
그래, 네가 있었지.

인생

— 술이란 녀석 · 2

아따, 쓴 거

소태 같은 세상살이
원래 그렇다지

네 잘못 아니거늘,

슬픔 삼키고
아픔 삼키고

간밤 쓰린 속
해장술로 달래며

네 탓하는 사람들.

뜨거운 여인

— 술이란 녀석 · 3

스산하고 고적한 밤마다
촉촉한 장밋빛 입술로
화사한 독버섯 갓으로
사악한 두 갈래 혓바닥으로
저리도록 슬피 다가서는
끈적끈적한 눈망울이여

무망한 날들
족보 없는 바람에 떠밀리고
태생 모를 물결에 휩쓸리면서도
기어이 가슴속에 똬리 틀고
그리움 한 덩이 초록으로 묽어져
혈맥마다 피톨로 관통하며
사랑의 화인 찍어대는
저 농염한 불꽃

한여름 박 속 같은 웃음 짓고
밀밀한 언어의 유희
과장된 몸짓의 유혹으로
스르르 발효하는 분홍빛 정념
별빛 시린 밤
애틋하고 격정적인 그대는

살갗마다 모공 활짝 열어젖히고
대장간 풀무처럼 뜨거웠지

아슴푸레한 삶의 지평에서
꽃 진 자리 다독여
한 무더기 사연을 식재하고
군자란처럼 피어오르는 세상 향해
휘황한 섬광으로 돌기(突起)하는
붉은 애증의 분화구여.

아카시아 필 무렵

봄이 깨금발로 들어서는 동네
아카시아 하얀 이밥
주발마다 고봉으로 차오르면
벼 잎 푸릇푸릇 들바람에 춤추고
강화바다 밴댕이
뱃속 통통히 알을 품는다

강화바다 밴댕이
만삭 되어 뒤뚱거리면
텃논 벼 포기에 초록 혓바닥 돋고
아카시아 꽃잎
주발마다 고봉으로 이밥 담는다

들바람 싱그러운 길가
아카시아 향기 들큼한
밴댕이 횟집
푸른 바다 건져 토막 치는 사람들
밴댕이 소갈딱지 닮아
내장까지 환히 비치는 봄날

아카시아는 온종일
가마솥에 이밥 짓는다.

청어 떼

청어 떼가 춤춘다
만삭의 몸 풀려고
시리도록 현란하게 춤을 춘다
빠른 물살이 곶 부리 휘어감은 어귀
바람이 용트림하는 파랑 속에서
무명줄 당기는 격렬한 진통
청어 떼 춤사위는
할배 묻은 바다보다 슬프다
사냥 나온 쇠고래가 한 입 삼키자
범고래도 덩달아 덥석 베어 문다
포식자에 맞서는 최후의 전략
뭉쳐서 죽어야 사는 놈도 있다

청어 떼가 죽어간다
경이로운 모성의 본능
종족 번식 위한 처연한 몸짓으로
마지막 한 알까지 오장 비우고
무소유의 성자 되어 슬프게 눈 감는다
바다를 멍석말이하는 파도
청어 알 해변으로 내몰고
외마치로 쪼아대는 허기진 물새들
검푸른 바다, 이제 청어 알 없다.

좌판

청계산 웅크린 자락
소슬바람이 낙엽을 비질하는
놀이공원 입구
어둑한 밤
줄지어 앉았던 행상 아낙들
썰물 되어 떠나갔는데
마지막 잎새처럼 홀로 남은 좌판 하나

달빛 고즈넉이 내려앉은
단풍 붉은 거리
김밥 오백 원 깎아준다던
호기 찬 외침도 시들해지고
종일 임자 놓친
옥수수 번데기 어묵들
시간 비켜가는 길목에서
애꿎이 김만 모락모락 피우며
석등처럼 우두커니 자리 지킨다

어둠 켜켜이 쌓여도
도무지 오늘이 접히지 않는 밤
낙엽 쓸어가는
소슬바람 옹골찬 길목.

낮술 취한 여인에게

못 견디게 괴롭고 슬프거들랑
옷소매 깊이 얼굴 묻고
한 바가지 눈물 펑펑 쏟아도 좋으련
못 견디게 서럽고 아프거들랑
길거리 낯선 가슴에라도 안겨
격렬하게 몸부림치며 무너져도 좋으련

낮술 권하는 세상
앙칼지게 할퀴고 물어뜯으며
광기에 찬 몸짓으로 발광하여도 좋으리
그 무거운 고통의 짐 지고도
끄떡없이 맨정신으로 자전하는 지구
독하게 자근자근 짓밟으며
창자 끝에 옹송그린 설움 한 방울까지
모질게 토악질해도 좋으리

그대 지쳐 쓰러진 세상에서도
진절머리 나게
신 새벽 태양은 떠오르고
빙글빙글 도는 세상 어지러워
누군가는 또 낮술 취해
꺼억꺼억 서럽게 목을 놓을지니.

제 영혼을 갉아대는 별들

— 신인문학상 시상식

어둠이 부레처럼 융기하는 하늘
가장자리에 촘촘히 별무리 돋는다
눈 비비고야 겨우 망막에 들어서는
저 희미한 발광체
아직은, 제 숨소리조차 난감하다
태양계 큰 별로 우뚝 서고자
꼬리 살랑대며 방패연처럼 날아보지만
제 영혼 갉아대는 어리석은 몸짓
어둠은 가난처럼 융성하고
목덜미 스치는 바람 빙하보다 시리다

내일모레, 아니면 그 어느 날
제 영혼 갉아대다 지친
수많은 이름 없는 별들
깃털 숭숭 빠진 채
벅벅 어둠 찢으며 추락할 것이고
살점 떨어져 핏자국 붉은 별 몇 개만
은하수에다 상처 자국 씻을 것이다

차가운 밤하늘
별인 듯, 아닌 듯한 별들
별무리 돋는 밤은 별들로 슬프다.

어느 시비 앞에서

예전에
어느 골짝에선가
옥수에 발 담그고
신선과 대작하며 풍류 즐겼을 그대
허황된 어느 시인의 탐욕에
정 쪼인 흉터 볼품없이
돌비석으로 섰는가

햇빛 따사롭고
달빛 포근한 길섶에서
관절마다 삐걱대는 어설픈 어법
마름처럼 버석대는 메마른 시어
초췌하게 가슴 깊이 문신하고
아픈 상처 들쑤셔
긴긴 밤 신음으로 지새우는가

가만히 들여다보면
세상 어디에든 시가 지천이고
비석에 옮아매지 않은 시
더욱 싱그럽고 생기 차서
들바람도 개여울도
비발디 사계를 노래하는데.

어떤 저울

— 고장 난 저울의 두 이야기

참말로 그건 안 되어 야.

털어서 쬐끔도 먼지 나믄 안 되제. 그려도 핵교 교장선생들이잖여. 교장선생이 아그들 팔아서 뒷돈이나 챙기믄 쓰겄냐. 그 핵교는 입때껏 수학여행 헌답시고 수전(收錢)여행만 시킨 거여. 대체 핵교가 뭐허는 디다냐? 옳은 일 가르치는 디 잖여. 그러니께 뒤로는 한 푼도 안 되제. 그러믄 아그들이 크면서 멀 배우겄냐. 그 핵교 교장들 단번에 목줄 친 건 아주 잘 헌 거여.

살다보믄 그럴 수도 있는 거여 야.

털어서 쬐께 먼지 안 나는 사람 어디 있겄냐. 높은 자리 오를 사람들이잖여. 나라 끌어갈라믄 융통성이 있어야제. 눈치 봐서 적당히 질러가고 힘들면 안 가도 되어 야. 위장전입 허고, 군대 빼내고, 편법증여 허고, 그거 다 능력이잖여. 그 사람들 그런다고 니나 내나 뭐 크게 손해본 거 있다냐? 능력 있어야 나랏일도 잘 허제. 일만 잘 허믄 되는 거여.

안 그런당가?

달개비 꽃

순연한 햇빛과 바람 불러
푸른 새살 돋는 풀밭
진액 모조리 퍼 올려
꽃망울로 영그는 잡초
이름조차 '닭의 밑씻개' 라지
뿌리 멀건이 드러낸 채로
악착같이 꽃눈 틔우는
경이로운 집념의 풀 대궁
뽑아도 뽑아내도 어느새
쑥쑥 생명을 키우는 미운 오리새끼

기약 없는 존재이기에
더욱 애절한 풀꽃
나비 모양 날개 펴고
외떡잎 기세 좋게 벙끗거린다
꽃밭 아니어도
아니, 꽃밭 아니라서 더 청초하고
생기로운 꽃망울
뉘라서 잡초라 가벼이 여길쏜가
뉘라서 귀찮다 함부로 뽑을쏜가
그 누구도 달빛 머금을 자리
마당귀 한 뼘 내주지 않았거늘.

백남준이 오래 사는 집

해군 잠수모 쓴 칭기즈칸
삼천리 표 자전거 타고
삼차원의 광야 달려가는
그가 오래 사는 집
무릇, 늑대의 세계에서
더 진화한 것이 없는
원형질 공간에서
고대 상형문자 해독하며
비행기가 나래 펼쳐 춤추고
열쇠가 고속도로 달려가고
백남준이 백남준을 진단한다

바람이 넘기는 두툼한 자서전
1933년에 한 살이었고
스물두 살 때 가진 첫 섹스
그리 대단치 않았고
11,932년에 십만 살이 된다는 기인
적막한 초원에 엎드려
무한대곡선의 비대칭 사유
고차원등식 풀고 있다

원시적 생명력이 넘치는

열대 숲 정원
유목민의 자긍심으로
미지의 세계 탐구하고
성숙을 거부하는 순수한 역행으로
비디오 아트 창조한
통시적인 기마민족의 선구자
너무 멀어 한 걸음 다가서면
기이한 미소 짓고 두 걸음 물러선다

일평생 선각자로 살다 갔지만
알파에서 오메가까지
스펙트럼 너무 넓어
도무지 알 수 없는 낯선 사람
월광 소나타에 새가 날고
코끼리가 마차 끄는 집에서
자랑스럽게 멜빵 바지 내리고
온 세계에 엉덩이 몽골반점 까 보이는
자유인 한 사람 용인에 살고 있다.

낙점

조선시대에도 비삼망(備三望)이라
고위직 임용에
셋 올려 한 명 낙점(落點)했다는데,
수첩 속에 비밀스레 꼭꼭 숨겨두고
신줏단지처럼 끌어안고 있다
보물인 듯 하나씩 꺼내놓는 충복들

부동산투기, 병역기피, 위장전입은 기본이고
전관예우로 떼돈 벌어 탈세하고, 주식 숨기고
해외 비자금 조성에다 성접대 의혹까지
막장 통속극의 적나라한 주인공들
정치혁신이니 국민통합이니 대 탕평이니
목적 아닌 수단으로 우려먹고
시대를 거스르는 옹고집 퇴행에
준비되었다는 현수막의 새빨간 허언들

눈비 속에 갈 길 멀어 아득한데
출발선에서 뒤뚱거리다
꽈당꽈당 또 꽈당
자고 나면 빙판에 낙마하는 소리
참담하고 허탈한 대한민국 신음소리.

제5부

새벽이여, 그리 오시게나

새벽이여, 그리 오시게나
은 비단 열두 폭 치맛자락 펼쳐
청량한 계곡 물소리 아름 안고
진초록 젊음이 파동 치는 숲 속
순결한 눈망울로 그리 오시게나

천지(天池)

꼿꼿이 등줄기 세운
수직절벽 바위틈
간신히 비집어 든
바람꽃 한 송이

억겁의 세월
가여운 꽃망울
애달피 어루만지며
한 종지씩 흘려 온 눈물

파랑으로 번지는
비파소리에
하늘이 내려와
물장구치는데

어디선가
침향*으로 솟구치는
하얀 산의 사리(舍利)들.

* 침향 : 오랜 세월 땅속에 묻혀 있다 나온 영원히 썩지 않고 향기로운 나무.

파랑도

파도소리 출렁대면
잠시 잠깐 해수면에 떠올라
돌고래처럼 숨을 쉰다
먼바다에서 돌아오지 못하는 어부
넋이라도 잠시 쉬어가라고
파랑도, 파랑도
푸른 영혼이 슬피 우는 섬

검푸른 바다
조금씩 늙어가는 햇덩이에
설운 넋 태우며
물골에 촘촘한 그물 드리운 어부
해면에 부리 박은 바닷새 노래
달빛 서린 돛대에 걸어놓고
수평선을 호미질해온 날들

격정으로 갈기 세운 바다
드리운 어망 걷어 올리지 못하고
해일에 휩쓸려간 어부의 혼백
벼랑바위 에두르며
파랑도, 파랑도
푸른 영혼이 슬피 우는 섬.

동해에서

— 거진 앞바다

검푸른 동해, 그곳에선
상처 난 나비들이 바다에 나간다

환장하게 바다를 연모하는
고독한 넋
절정의 파도더미 보고는
늑골 앙상한 나신으로
첨벙첨벙

먼바다 하늘하늘
노랑나비 날아가고
해원에서 벗어던진
무채색 애벌레 껍질 하나
설핏설핏
칼칼한 파도에 떠밀려온다

검푸른 동해, 그곳에선
지문 없는 상처투성이 나비가
한 해 겨울나기 위해
파도에 잿빛 날개 씻으며
화석 같은 등껍질을 문지르고 있다.

서해에서

— 무창포 앞바다

서해, 그곳엔 오디 빛 섬이 있다

곰실거리는 바다, 저만치서 작은 섬 하나 출렁댄다. 바다가 게걸스레 삼킨 섬은 겨우 날갯죽지만 살아남아 퍼덕인다. 파도가 가뭇가뭇 여인의 허벅지를 물 위로 뱉어낸다. 소금내보다 진한 향이 지친 넋을 휘감는다. 육감적인 향이 자꾸만 경박한 욕구를 채근질한다.

다가설수록 섬이 뒷걸음질 친다. 바다가 주춤거리는 섬의 뒷덜미를 와락 낚아챈다. 거친 파도가 간헐적으로 섬을 패대기쳐댄다. 겁에 질린 섬이 애처로이 돌아본다. 석고 같은 맨몸이 물컹하다. 오디 빛 살결에 멍 자국이 퍼렇다.

덜컹거리는 바다가 왕소금에 절여진 황새기 젓처럼 짜다. 어디선가 개 짖는 소리가 들려온다. 돌아누운 여인의 음부처럼 아득히 멀다. 노을이 침통히 해저로 침몰한다. 어둠이 금세 섬의 날갯죽지를 먹어치운다. 바다에 수장된 섬이 표류하며 침통히 곡을 해댄다.

서해, 그곳에선 전설처럼 오디 빛 섬이 울고 있다.

남해에서

— 완도 앞바다(멸치에 대한 연가)

임이여, 잰걸음으로 가뻐 오소서
은빛 나래 눈부시게 펼치고
투명한 햇살 부서지는 파도
검푸른 등성이 타고 넘어
자박자박
꿈길인 듯 그리 오소서

남해 용왕님 모시고
날라리 소리 흐드러졌던
오색 깃발 풍어제
그 간절한 염원으로
새벽 바다에 배 띄우려는 어부
그물코 깁는 투박한 손길
호호 불어 어루만지며
뜨거운 숨결로 그리 오소서

등대 불빛 한 자락 물고
신열 앓는 사연들이 들끓는 파랑
그 등 굽은 물골 더듬어
매운바람도 맥을 놓는
고요의 심연으로
너울너울 춤추며 그리 오소서.

격렬비열도

그리워 잠 못 이루고
불면의 밤 수없이 뒤척였지
외따로 떨어져 고적했을 그대
정족도와 옹도 제치고
궁시도와 난도 밀치고
서해 최서단 물골 더듬어 나아갔지
독수리 날아오를 듯 날개 펼친 모습
푸른 눈망울 눈부셨지

칼새 재잘대는 이른 아침
파도소리 줍는 소라처럼
굽이돌고 휘어든 해변 길
바람이 걸터앉은 동백 그늘 거쳐
찌르레기 풀숲에서 노래하는
후박나무 무성한 군락지
시간은 느릿느릿 그곳에 멈추어 섰지
애잔히 출렁이는 진초록 물결
그대 숨결에 더 이상 슬프지 않았지

물질하던 가마우지 부리 닦고
벼랑바위 찾아들 무렵
바닷새 줄지어 서녘 하늘 날고 있었지

태초의 섬들 보송보송 솜털 깔아
우듬지에 새 둥지 짓고
수평선 등마루 오른 통통배
억새 빛 은물결로 출렁이고 있었지
세마치장단으로 춤추는 바다
그대는 거기서 종지부(終止符) 아닌
새로운 이정표를 새기고 있었지

가슴 아린 격랑의 세월
어찌 그대만의 고통이었으리
내 이제 하얀 모시손수건 펼쳐
그대 눈물 닦아주리니
다시는 외로워 돌아서는 섬 아닌
더 너른 세상으로 나아가는
창대한 내일의 꿈을 노래하리니.

우포늪 · 1

일억만 년 전 공룡시대 설화
한 소쿠리 안고 날아와
마름과 개구리밥 펼친 초록비단 길
날렵하게 미끄러지는
청둥오리 왜가리 논병아리
늪의 잔물결 쪼아대며
부리나케 허기진 가을을 낚는다

물안개 뽀얗게 지피는 오후
온유한 바람결 쓸어안고
갈색 수염 쓰다듬는 갈대숲
금빛 부신 햇살더미에
사방에서 일시에 씨방 터지는 소리
먹이사슬 체계 서러운
장구애비 소금쟁이
황급히 수초더미로 숨어든다

묵묵히 억겁 세월 퇴적하며
우주의 생멸을 품어 안은
우포늪
오늘도 속 깊은 자궁에다
숨찬 생명들의 역사를 쓰고 있다.

우포늪 · 2

조상님이여, 어찌 하오리까
여름 철새 날아와
맘껏 포식하고 떠나간 자리
하늘 까맣게 뒤덮고
바람 가르는 매서운 날갯짓
저어새 큰고니 쇠오리
겨울 철새 무리지어 날아드네요

며칠 전
논우렁이 말조개 소금쟁이
무참히 잡혀 먹히던 날
밤낮없이 숨어 살던
내 할배 할미 맥없이 잡혀 먹혔고
참개구리 줄장지뱀 왕잠자리
처참히 잡혀 먹히던 날
허구한 날 도망쳐 살던
내 아비 어미 불쌍히 잡혀 먹혔는데

조상님이여, 어찌 하오리까
마지막 생명의 숨소리까지 채가려고
온종일 날카롭게 꽂히는
섬뜩하고 집요한 탐욕의 부리들.

그런 날엔 담양으로 가시게

삶에 지친 그대여
세사번뇌 번거로운 날엔
훌쩍 담양으로 달려가시게
거기서 댓바람 소리와 물소리가
그윽하고 맑은 숨결로
그대를 반기리니
그댈 반겨 번뇌를 씻으리니
온유하고 고절한 선비들이
대청마루에 마중 나와
향긋한 죽로차 한 잔 권하리니

청명한 댓바람 소리와 물소리가
가만가만 찻잔에 차올라
소담스레 파문을 담아내고
송홧가루 날리는 솔숲에서
결 고운 빛살이 참빗으로
생의 헝클어진 사념을 빗어주려니
일상에 지친 그대여
세사번뇌 번거롭고
길 잃은 영혼이 방황하는 날엔
바람처럼 훌쩍 담양으로 달려가시게.

담양 소쇄원

모질고 험한 세상
아무리 폭풍우 들이쳐도
골 깊은 계곡
선비정신은 끄떡없더라

산 까치 울음소리 전설처럼
고사목에 휘감기고
어두워지며 실눈 뜨는 정경들
점점 또렷해지며 산수진경 그려내는데
은빛 머릿결 풀어헤치고
달빛 찰랑대는 밤
온 세상은 물소리더라
온 세상은 바람소리더라

소슬한 대청마루에서
패옥(佩玉) 찬 곧은 소리들이
힘줄 톡톡 불거져
한 목청으로 외쳐대더라
인생은 한낱 물결이라고
명리는 한낱 바람결이라고
그냥 물결처럼 바람처럼 흘러갈 뿐이라고.

새만금

늦가을 단풍은
여직 붉은 그리움 한 잎
진솔히 우려내지 못했는데
서리 맞은 북녘바람
파도 메쳐 광란의 춤추고
동강 난 바다
아픈 허리춤 부여잡은
해신의 성깔만 사납다

까마득히
수평선까지 외줄기로 내달으며
파도 위에 드러눕는
길 하나
돌아갈 길 잃은 바다는
먹갈치 비린내를 토하며
칼금 많은 도마 위에서
파닥파닥 뛰어댄다

검푸른 해면 붉게 물들여
먼바다에 펼쳐놓은
박제된 피안, 햇살들도 무심히 달아나고
해신의 성깔만 오갈지게 사납다.

남이섬

뉘엿뉘엿
햇살 나직이 내려앉고
청평호에 가랑잎처럼 떠 있는
나미나라 공화국
곰실거리는 물안개 젖어
색소폰이 흐느낀다

은행나무길
샛노란 가을 푸지게 달고
하늘가까지 뻗어 오른 나뭇가지
올려보는 뭇 시선 버거웠을까
푹신푹신 융단 펼친 길에
살그머니
이파리 한 잎 떨쳐낸다

강바람 소리 상큼하고
은행 알알이 추억으로 영그는
정겨운 동화의 섬
색소폰은 젖은 음색으로
가을을 노래하고
나는 연인의 숲에서
노오란 그리움 한 잎 줍는다.

수분령 고개

까마득히 굽이돌아
골반까지 은비단 드리운 고개
바람과 구름이 번갈아 쉬어가고
휴게소 앞마당에서 뛰노는
흘러간 뽕짝가요
듣는 이 없어도 제풀에 신바람이네

금강 발원지 뜸봉 샘
에서 푸른 정기로 숨결 틔워
국토 혈맥 되어 흐르고
논개 의혼 올올이 산앵두로 익어
골짝마다 붉은 고을
속인으로 하여 동티날까
거대한 장승 고갯길 지켜 서서
사방에다 큰 눈 부라리네

산새 가벼이 날개 펼쳐
서녘으로 날아오르고
길손은 세파에 찌든 검은 옷자락
밤새도록 달빛에 헹궈대네
산바람 상큼한 하늘가
열나흘 달이 덩실거리는 고갯마루.

새벽이여, 그리 오시게나

— 백운계곡

새벽이여, 그리 오시게나
은 비단 열두 폭 치맛자락 펼쳐
청량한 계곡 물소리 아름 안고
진초록 젊음이 파동 치는 숲 속
순결한 눈망울로 그리 오시게나

산나리 꽃 하얗게 망울진 골짝
산들바람 고삐 풀어 방생하고
꽃잎마다 맺힌 고혹한 미향
푸른 요정들이 연주하는 음악의 숲
무위의 심연 찾아 그리 오시게나

적막이 무성한 산간
마알간 솔바람 새소리로 귀청 씻고
맑은 계류 물길에다
자홍색 복숭아꽃 한 잎 띄우며
휘파람소리 낭랑히 그리 오시게나

풀꽃 이슬로 씻은 금비녀 꽂고
풀벌레가 계절을 갉아먹는 소리 따라
자연이 생성하는 피안(彼岸)의 세계
오붓한 걸음으로 그리 오시게나.

남한산성 가는 길

— 지하철에서 · 3

질척거리는 주말
몇몇 시인과 남한산성 가는 길
장장 40개 지하철역
어휴, 저 무료한 시간의 뼈 무덤들
시집을 펴든다
이내 활자들이 고갤 처박고
바닥에 즐비한 빛의 살점 먹어치우더니
포만감 되새김질 못하고
책갈피에 뛰어들어 분탕질이다

에라, 시집을 접는다
시보다 더 황홀한 진경(眞景)
저리 늘씬하지 않은가
희멀겋게 드러난 싱싱한 허벅지
텃밭 무처럼 푸르른 정맥의 선로
필시, 원시림 헤치고 음습한 동굴 지나
종래에는 산성에 태극기까지 꽂을,

녹음 짙은 숲길엔
굳이 삼전도가 아니래도
항복할 땅은 많더라.

가족 나들이

— 지하철에서 · 4

삼복더위에 축 늘어진
지하철 광화문역
도심으로 나들이 나온 일가족
40대 중반 여인
날쌘 걸음으로 돌진하여 빈자리
터억-하니 자기부터 앉고
다음 역 빈 자리 하나, 막내에게
'우리 아들 앉아'
그 다음 역 빈 자리 하나
'큰딸 앉아'
또 그 다음 역 빈 자리 하나
'작은딸 앉아'
그 후 빈자리 나지 않고
줄곧 우두커니 서서
어둑한 차창에다 시선을 꽂고 있는
남편 향하여
'여보 여보, 저 여자 청치마 봐'
한동안 부러운 눈길 박더니
'이쁘지, 이쁘지?'

생존의 여정(旅程)

향유고래는
먹이 찾아 30,000km나 이동하고
사막코끼리는
물 찾아 480km나 이동하고
모나크나비는
번식하러 3,000km나 이동하는
험난한 대장정
저들의 생애는 정녕 위대하여라

세렝게티 국립공원
푸른 초원으로 이동하는
물소 떼
굶주린 악어와 사투 벌이며
주검을 밟고 건너는
생명의 강
강물 벌겋게 물들어 흐르는
길고 긴 여정
저들의 생존은 정녕 장엄하여라

평생 단 한 번도
가파른 벼랑 기어오르기 위해
절벽 폭포수 뛰어내리기 위해

저토록 절박하고 격동적인 삶
살아본 적 있었던가
세파에 시달려 굽은 나뭇가지
그믐달빛 한 줌에도 부러질 듯한데
비바람 들이치는 비탈
도토리 몇 개 대롱거리는
부실한 가을걷이
빈 들에서 살짝 이는 미풍에도
깃털처럼 날릴 것 같이
가벼운 오늘
그렇게 얄팍한 오늘의 닮은꼴들.

회화나무

— 해미읍성

궁벽한 옥사 지켜 서서
연녹색 이파리 촘촘히 둘러
아픈 상처 가리는
회화나무*

그대는 알고 있으리
폭풍우 피하고도
이토록
가지 굽은 사연

그대는 알고 있으리
화창한 봄바람에도
이토록
진저리 치는 사연.

* 회화나무 : 옥사에 수감된 천주교 신자들을 철사 줄로 머리채 매달아 고문했던 수령 300여 년 된 나무.

제6부

세상에 어찌 바람뿐이랴

그리움에 시린 낮달
망연히 떠도는 중천
부유하는 양털구름 한 자락
느릿느릿 산등성이 넘는다
연지분내 흩뿌리던 여인
젖은 머리 찰랑대며
바람 도는 계곡으로 내려서고
퍼렇게 멍울진 이름 하나
탱자가시처럼 아리게 찔러온다

촛대바위

검푸른 바다
날 선 파도는 그대로인데
마른 해풍은 그대로인데
자꾸만 생살로 돋아나는 그리움
아가미 부풀어 올라
촛대바위는
뜨겁게 목심지 돋우고
첨벙첨벙 바다로 나아간다

사시사철 조율 없이
거세게 폭풍우 몰아치는 해변
암회색 욕망으로 굴절하는
등피 질긴 어둠의 꼬리 잘라내며
그리움의 정곡에서 몸부림쳐 왔다

진홍빛 심지에다 촛불 밝혀
설운 넋 소지(燒紙)로 태워 올리고
희미한 등대 불빛에 나이테 닳아가며
오롯이 순정으로 살아온 날들

그댄 떠나서도 남았거니
그댄 남아서도 떠났거니.

정선 오일장

갈맷빛 산자락 난장에 펼쳐놓고
무병장수 장뇌삼
살 빠지는 빼빼목나무
술독 푸는 헛개나무
남성 불끈 세우는 야관문
저마다 나서서 왁자하게 효험자랑인데,

장마당에 빙 둘러앉은 행객
그릇마다에서 올챙이가 밥 달라 칭얼대고
콧등치기가 연신 콧등을 쳐대네
모듬전 한 접시
얼음 막걸리 한 사발에
늦더위는 슬금슬금 달아나고

신명 난 장돌뱅이
찰진 엿가위 장단에
아스라이 피어나는 옛 추억들
장마당 사부작사부작 돌아
할매는 허리 휜 산나물 팔고
누이는 뽀얀 동동구르무 사던
정겹고 그리운 향수
푸근한 인정에 민담까지 풍성한 장터.

아우라지 처녀

은행나무 아래
노오란 햇살 수북이 쌓이던 날
구절리 골짝 달려온 송천
중봉산 고갯길 내려선 골지천
여량에서 음양으로 만나 몸 섞더니
초례청 그윽이 청사초롱 밝히고
도란도란 밤새워 그리도 정겹더니만,

산등성이에 먹장구름 끼고
너럭바위 타고 넘는 골물소리
성난 바람결에
그리움은 애절히 나부끼고
건널 수 없는 강 건너
싸리 골 올동박 다 지는데
원수 같은 장맛비는 언제나 그치려나

아우라지 울렁대는 강심에
그리운 연정 풀어놓고
뗏목 한 척 뜨지 않는
빈 나루터에서
바람에 날리는 치맛자락 여미며
하염없이 눈물짓는 산골처녀.

세상에 어찌 바람뿐이랴

— 이화령 고갯마루

가풀막진 인생길
설렁설렁 스쳐가는 것이
어찌 바람뿐이랴
백두대간 등허리
이화령 고갯마루
저 아래 아스라한 충청도 골짝 바람
가쁜 숨 가라앉혀
경상도 오솔길로 내려서고
고목가지에서 재잘대던 산새
시나브로 바람결에 날갤 편다

그리움에 시린 낮달
망연히 떠도는 중천
부유하는 양털구름 한 자락
느릿느릿 산등성이 넘는다
연지분내 흩뿌리던 여인
젖은 머리 찰랑대며
바람 도는 계곡으로 내려서고
퍼렇게 멍울진 이름 하나
탱자가시처럼 아리게 찔러온다

먹지에서 돋아나는 그리움

순백의 한지에 거르고 걸러
소담스레 꽃망울 피웠건만
석류꽃 낭자하게 지는 길섶
연지분내 산새가 죄다 쪼아 먹고
임의 발자국엔 푸른 달빛만 찰랑댄다

산안개 자욱한 고갯마루
설핏설핏 여우비 내리고
단풍잎에 쓴 주홍빛 연서
팔랑팔랑 지는 밤
가풀막진 인생길
설렁설렁 스쳐가는 것이
어찌 바람뿐이랴.

삼강주막*

철새 날아들어 강심 쪼아대는
물색 짙은 삼강나루
청룡이 구불구불 동리 휘감고
통통한 허리 접어 뒤척인다
강바람이 실어오는 나루터 이야기
넌지시 환청으로 들으며
소박한 입술 무수히 스쳐 간 대폿잔
살포시 입술 포개니
적막한 달빛 애수로 소생한다

두부 안주 조촐한 주안상 둘러
낙동강 보부상 엽전 세고
내성천 뱃사공 흥얼대고
금천 나그네 봇짐 푸는 밤
솔가지로 금줄 두른 회화나무
적막한 바람소리 지붕에 드리우고
강 바라기 하던 주모할미
쪽배 타고 먼 길 떠났지만
외상값 산(算)해 놓은 부뚜막
단골손님 들어 또 하나 줄 긋는다

벌써 몇 잔째던가

봉창에 달무리 젖어드는
낙동강 1,300리 외톨이 주막
잔에서 가만히 입술 떼어내니
도도한 취흥이 비틀걸음으로
강기슭에 질펀히 노을 한 자락 빚는다
은빛 머릿결 주억대는 억새 숲으로
붉은 해 설핏 잦아드는데
어두워지며 몸 뒤트는
강의 기척 소리.

* 삼강주막 : 세 강이 만나는 경북 예천군 풍양면에 있는 주막.

세한도(歲寒圖)

— 추사고택

막막한 절해고도(絕海孤島)
검푸른 바다 넘실대며
사면에서 달팽이관 옥죄는 파도소리
풍설 혹독한 시련에도
더욱 강고해지는
선비의 지조와 절개
날씨 차가운 다음에야 비로소
소나무와 잣나무
가장 늦게 시듦을 아는 것을

고아하고 절제된 서화
담백한 먹빛을 갈필(渴筆)로 빚은
청빈한 초가 한 채와 송백나무
스산한 세월
애잔한 사연 휘휘 감긴 두루마리에
사위어가는 시간의 넋이 파동 친다
벼루 열 개 밑창 내고
몽당붓 일천 자루 닳은 생애
하늘만큼 우러러 보이는데
묵향 진한 바람 돌아가는 마당
야윈 햇살 부축하여 거두어들이며
쩡쩡 대문 빗장 잠기는 소리.

고석정

먹빛 어둠의 하해(河海) 헤치고
시린 하늘 떠도는 하현달
포연이 모로 누운 철조망에
망국과 분단의 비통한 통곡 소리
설운 혼들이 한바탕 정념으로 일어나
꽹과리 치고 장구 치는
상처투성이 피안 저곳
한탄강은 오늘도 격랑으로 흐른다

승일교에서 강으로 뛰어내린
용맹한 꺽지 한 마리
뜨거운 불화살 물고
역사의 얼룩진 갈피 파고들어
화석으로 굳어진 바위
동굴마다 횃불 지핀다

고난의 강을 건너온 무수한 시간
가시에 찔려 철철 피 흘리면서도
청동거울처럼 깊은 강으로
첨벙첨벙 뛰어드는
전선의 설운 넋들, 오늘도
모래톱 송가(頌歌)는 꺽지처럼 장엄하다.

구곡 폭포

꼬불꼬불 아홉 굽이
아스라한 절벽에
하얀 꽃술처럼 망울진
선녀의 마알간 숨결
붉게 고인 그리움 삭이지 못해
벼랑에 올라 몸을 던져보지만
사랑하는 임은 어디 갔나
바람이 소용돌이치는 계곡
애타게 불러도 임은 없어라

순정의 눈망울로
바람 시린 언덕 올라
벼랑에 뿌리박고 잎맥 피웠건만
갈망이 굴절하는 사위(四圍)
소실점 잃은 동공으로
한 잎 한 잎 떨어지는 연녹색 잎새
수많은 회억의 날들
가슴앓이로 사는 하얀 물보라

산 그림자 드러눕는 오후
골 깊은 계곡으로 흐르는
명주실 같은 사랑가 한 대목.

부석사

산이 산맥을 들쳐 업고
하늘가로 굽이치는 백두대간 태백 줄기
봉황 앞가슴에 둥지 튼 사찰
단아한 108개 돌계단 오르며
정강이뼈 억센 번뇌 하나씩 부려놓는다
천년 이끼 핀 신라 석등
경건한 걸음으로 탑돌이하고
사바세계에서 몰려든 바람의 타래
부석(浮石) 들고 면벽수행 중이다

풍경소리 낙숫물로 망울지는 처마에서
온후한 금빛 다섯 불상
공포(貢布)에 가부좌 틀고 앉아
신이한 이적을 행하신다
자연의 조화로 현신하는
불가사의한 환영(幻影)의 빛기둥들

해 그림자 길어진 오후
바랑 진 수도승
속 여문 목탁소리 꾸려 산문 나서는데
온 산에 쩌렁쩌렁 메아리치는
딱따구리 염불소리.

월정리 역

철마여, 이제 그만 훌훌 털고 일어나
어둠 뚫고 날아가는 금빛 화살처럼
소슬한 바람소리 가르며
그리로 힘차게 달리거라

경원선 남측 최북단
월정리 역
시뻘겋게 녹슨 세월의 푯대 끝에
난파한 잔해처럼 너부러진 기적소리
달리지 못하는 날들
얼마나 아프고 슬펐을까
탐스럽게 꽃망울 터지는 마당에서
역사(驛舍)는 무료히 적막을 쓸어대고
부식된 이정표엔 바람소리 덩그렇다

피의 능선 아래
바람조차 숨죽이고 살아야 했던
광란의 세월
북녘으로 뻗은 철길엔
오욕의 풀씨가 키운 잡초만 웃자랐다
서울에서 예까지 104㎞이고,
예서 평강까진 19㎞ 남짓인데

승객 끊긴 고적한 역사에서
기차는 망연히 넋을 놓고
철길에 나뒹구는 불화살만 줍는다

가여운 철마여,
이제 거센 폭풍처럼 일어나고
뜨건 불기둥처럼 솟구쳐서
신 새벽 희망의 날갯짓으로 달리거라
한민족의 간절한 염원으로
깊은 숨 당차게 들이쉬고
철조망에 줄줄이 어둠이 꿰이는 곳
그리로 향하여 힘차게 달리거라
삭풍 뚫고 기운차게 달리거라.

철원 노동당사

처참히 부서지고 무너져
뼈대 앙상한 당사
고문과 학살의 현장에서
빗속에 울부짖는
한 많은 혼의 곡소리
앞마당 무궁화는 활짝 피었건만
하늘은 여직 저리도 슬프던가

사상과 이념에 코뚜레 꿰어
극한적 고통으로 버둥대던 그날
철사 줄에 묶여 살육된
검붉은 넋들의 아우성
못다 한 생 원통하여
진혼의 풀씨로 돋았는가

흙 한 줌 없는 건물더미
벽돌 틈새 비집어 든
무명의 풀꽃 위무(慰撫)하려
굴곡진 역사의 뒤안길에서
설운 넋 태워 추념하는
조종소리.

사과 꽃은 하얗게 피었는데

— 금성대군* 신단

사주문 들어서니
봉분 없는 무덤 참배하는 야생화
눈꽃처럼 하얗게 소복하고
서쪽 일각문에서 술렁이는 바람
닫힌 대문에 꽝꽝 머리 박고 있네

탱자나무 가시 울에 갇혀
위리안치(圍籬安置) 되었던 배소
홑처마 맞배지붕 기와 골에
세월의 잔영 애잔한데
어디선가 애끊는 산새 울음
순절한 원혼의 호곡소리

담쟁이넝쿨 기어오르는 울에서
청대 시들시들 병치레하고
하얗게 망울진 사과꽃밭
벌 나비 없어 인공수정하고 있네
역사도 삶도 어수선한
우수 어린 봄날.

* 금성대군 : 세종대왕의 여섯째 아들로 단종 복위에 연루되어 순흥에 유배되었고, 향중인물들과 함께 재차 단종 복위를 꾀하다가 죽임을 당한 인물.

마애삼존불상

서산 가야산 계곡
불이문 들어서면
마애석벽에서 번져오는
깊고 따스한 백제의 미소
통견 법의에 초승달 눈썹
복련연화좌(覆蓮蓮華座)*의 석가여래상
자애로운 불심으로
잠자는 숲 정령 깨우고
사바세계에 은은히 연향 지핀다

계곡에 핀 패랭이꽃
누리에 연무처럼 향기로 차오르고
빛에 따라 달리 보이는
한없이 푸근하고 오묘한 미소
노을 애잔히 부서지는 벼랑에서
억겁의 시간 생성하며
속세에 가만가만 번지는
저리 맑고 깊은 미소
내 남루한 흉상까지 보듬는
저 온후한 미소의 광채.

* 복련연화좌(覆蓮蓮華座) : 연꽃을 엎어놓은 모양의 무늬를 새겨 넣은 대좌.

선비 촌

소백산자락에 고즈넉한 선비 촌
솔바람 대청마루 올라 살랑대고
찻잔에서 뱅글거리는 산새 소리
의관 정제한 고을 선비들
수염 쓸어대며 도와 예를 논하는데,

갓끈 정갈히 동여매고
흰 도포 가지런히 여민 선비
죽엽 연적 기울여 먹 갈더니
일필휘지로 난을 친다

신비로운 향으로 우려낸
그윽한 농담(濃淡)
사위가 화원처럼 향긋하고
한 가닥 먹빛의 담백한 선형(線形)
이마 맑은 잎맥 사이로
순결한 꽃잎 피워낸다

개울물 졸졸거리는 촌락 입구
꽃샘바람 위세 좋게 들어서다가
삼색 띠 두른 수문장 보고는
꽁지 빠지게 줄행랑치는 봄날.

심양 한국인 거리

떼 바람 몰아치는 광야
추녀마다 송곳 고드름 달던 날
독립자금 마련 위해
언 발 동동 구르며 헤맸던
통한의 거리
마늘쪽 같은 독기 품고
얼룩진 시간의 꼬리 사르며
뜨끈한 순대 곱창 펼쳐놓고
냉동된 조선의 선혈을 판다

나라 잃은 아픔
올올이 태워 불쏘시개 했던
낯선 이국의 거리
개고기집 감자탕집 솥뚜껑집
붉은 한글간판 덜컹이며
골바람 스산스레 술렁이는데
먹어도 먹어도 허기지는
해 설핏 고픈 거리
긴 쇠사슬 끌고 가는 노을이
엄동에 팔다 남은
하루 치 조선족의 설움을 거두어 간다.

마두금

고비사막
모래바람 잦아든 선인장 그늘에
애절한 마두금* 선율

산고의 진통으로
냉정히 새끼 내치는 낙타 달래려
고난의 족적들이 환영으로 부활하여
구슬픈 음계의 심연을 파고드는
두 현의 가녀린 파동

비로소 새끼 젖 물리고
방울방울 눈물 흘리는 낙타
그래, 모성은 그토록 위대한 것을

순연한 바람의 깃에서 태동하여
꽁꽁 얼어붙은 대지 뚫고
게르*의 유구한 원시로 굽이치는
유목민의 애틋한 애환
구릉(丘陵)에 주렁주렁한 마두금 음표들.

* 마두금 : 두 줄로 된 몽골의 민속 현악기.
* 게르 : 몽골의 이동식 전통주택.

안데스의 바람소리

불어라, 불어라 바람이여
찬란한 태양의 제국에서
조각난 빛살로 분출하는
붉은 화석의 전음(全音)
각질 튼 수피 두르고
균열된 영혼을 빗질하는
갈색 바람의 서걱거림
아스라한 계곡
콘도르가 솟구치고
검붉은 태양이 작열하는
안데스 산맥, 잉카의 거친 숨결이
편린(片鱗)으로 찢겨져 동강 나는
수묵 빛 조락의 광장에서
탈각된 날개 하나가 부활한다
천근 같은 허물의 무게로
파르르, 추락하는 시간이여
절규하는 바람 얼마나 더 퍼내면
혈맥 터지는 아픔이 걷히랴
빈 하늘 우련히 젖어드는 황혼에
저토록 설운 울음소리
저토록 슬피 우는 안데스 바람소리.

코끼리 타기

인도 어디선가
개선장군처럼 코끼리 등에 올라탔네
휘황히 산마루 휘어잡은 궁궐터
알프스 넘는 카니발처럼
드높은 고갯길 으스대며 넘어가고 있었네

뒤뚱뒤뚱 걷던 코끼리
절퍼덕,
갑자기 길바닥에 생똥을 쌌네
오르막길 얼마나 힘겨웠으면
암반만 한 배설 무더기들

돌아보고 돌아보며
쇠똥구리가 되고파졌네
배설물 둥글게 경단 만들어
언덕길 굴리며
코끼리와 놀고파졌네

궁궐에서 반짝이는 빛살
보석처럼 눈부시게
코끼리 똥에 쏟아지고 있었네
쇠똥구리 서둘러 마중 오는 길.

로드 킬

애드벌룬 두둥실
굽잇길 질러가는
고속도로 개통식
상모 휘돌고
오색풍선 날아간다

에구머니!

물 한 모금 마시러
길 건너던
너구리, 삵, 두꺼비, 유혈목이
산초 씨처럼 말라붙은

저 피 좀 봐.

서정(抒情)의 지평 수놓는 현대판 두보(杜甫)의 부활(復活)

— 최병영 시집 『깡태의 꿈』의 시세계

정 남 채(문학박사, 시인)

1. '깡태 철학'을 발효시켜 서정(抒情)의 지평을 수놓다!

최병영 시인은 제3시집을 세상에 내놓게 되면서, 동양의 시성(詩聖) 두보(杜甫)에 비견될 수 있을 정도로 문학적 역량을 구비한 천재적인 작가로서 주목받게 되었다.

두보(杜甫)는 중국 당나라 때의 시인(712~770)이며, 자는 자미(子美), 호는 소릉(少陵)이다. 이백(李白)과 더불어 중국 최고의 시인으로 일컬어진다. 율시(律詩)에 뛰어났으며, 인생의 애환을 뛰어나게 노래해 시성(詩聖)으로 불린다. 두보(杜甫)는 주성이라 불릴 만큼 술을 좋아하고 잘 마셨다. 두보(杜甫)는 시백의 경지에 오른 인물로 평가되고 있다.

최병영 시인은 시성 두보와 같이 끊임없는 자기 관리와 시적 정진을 통해 현대판 시백(詩伯)으로서 손색없는 작품세계를 갖고 있다. 철학적 사유와 자기 성찰을 바탕으로, 세상을 선명한 서정시로 형상화시키는데 성공한 작가이다. 한마디로 천의무봉(天衣無縫)의 경지에서 생경한 이미지를 자유자재로 생성시키고 발현시킬 뿐만 아니라, 촌철살인(寸鐵殺人)의 영역에 도달해 있다는 점을 주목한다.

최병영 시인의 제3시집 『깡태의 꿈』은 우리 시대의 부조리와 맹목에 대해 신랄하게 질타하고 있다. 또한 자아 성찰과 철학적 자각을 통해 한계상황을 극복하면서 독특하고 명징한 시적 세계를 제시해주고 있는 것이다. 이른바 명태를 황태로 말리려다 딱딱하게 말리게 되어 깡태가 되어버린 현실을 간과하지 않고, 오히려 현실적 삶을 극복하려는 '깡태 아이콘'을 세상에 설정한 것이다. 깡태는 프랑스 작가 알베르 카뮈(Albert Camus)가 1942년 발표했던 평론 『시지프 신화(Le Mythe de Sisyphe , ―神話)』의 '시지프' 캐릭터와 무관하지 않다. 『시지프 신화』에서 부조리한 삶에 대한 있을 수 있는 대안으로서 '자살' '희망' '반항' 세 가지를 예시했고, 그중 마지막의 것을 진정한 의미의 해결책으로 보았다. 시지프(시시포스)는 그리스신화의 인물인데 신들에게서 바위를 산꼭대기까지 운반하는 형벌을 받았다. 시지프에 의해 굴려진 바위가 산꼭대기까지 도달하자마자, 신들은 다시 그 바위를 산 아래로 떨어뜨린다. 시지프는 영원토록 바위를 산꼭대기까지 운반하는 노동을 되풀이해야만 한다. 신들은 유익하지 않고 희망 또한 없는 노동(바위를 산꼭대기까지 반복해서 굴리는 작업)보다 더 무서운 형벌은 없다고 생각했다. 카뮈는 시지프 안에서 부조리(不條理)

한 사회의 전형을 본 것이다. 인간 존재의 무의미성을 자각하면서 이 부조리에 대하여 끝없이 반항을 거듭한다. 인간 스스로 운명에 대한 비참함을 느끼지 않고 오히려 행복을 발견하고 있는 것이다. 이러한 시지프의 발견은 '비극적 초월' 의 모습으로 바라볼 수 있는 것이다. 최병영 시인은 깡태를 깡태 그 자체로 취급받는 현실에 대해 강하게 반발하며 거부하고 있다. '깡다구 철학' 을 설파하고 있는 것이다. 여기서 '깡다구' 란 악착같이 버티어 나가는 오기를 이르는 말이다.

인간에 대한 깊은 사색과 탐구의 문학적 작업을 시인은 「깡태의 꿈」을 통해 구가하고 있다.

눈비 맞으며 고행한다고
세상의 모든 명태
어찌 황태로 태어날 수 있으리
황태 되다 만 변변찮은 깡태
그도 근본은 명태 아니랴

설악이 품어 안은 태(太)의 무궁한 변신
노릇노릇 육질 연한 황태 되려
아가리 꿰어 덕장에 목매달고
눈보라에 몸을 던진 하 많은 날들
뼈마디 깎는 고통 극복하고도
종래는 딱딱한 깡태 되고 만 것을
… (중략) …
사선(斜線)으로 눈 날리는 설악
덕장 서까래 한켠에 목매달고

눈물로 어둠 헤치며
깡태는 아련히 먼 바다를 꿈꾼다.

—「깡태의 꿈」 일부

인생은 깡태와 같다. 우리들은 세상을 순조롭게 살아가길 원한다. 그럼에도 이 세상을 살아가면서 목표했던 결과가 때때로 어긋날 수 있다. 그러나 어긋났던 그 경험적 자산만큼은 명태가 명품 브랜드(Brand)로 거듭 태어난 황태로의 새로운 변신을 위한 산고(産苦)의 과정과 별반 다르지 않다. 깡태는 서민적 애환을 상징한다. 가령 6 · 25 전쟁 이후 폐허 복구의 산업 현장에서 악으로, 깡으로, 오기로 현실을 극복하면서 '더 큰 대한민국'을 설계하고 꿈꿔야 했던 우리 시대의 자화상으로 비유할 수 있다. 깡태가 외면으로 인해 깡마른 듯한 왜소한 이미지로 각인되어 보일 수 있으나, 실제로 내면은 자신의 삶을 사랑하면서, 강단 있고 당찬 '깡블리' 캐릭터(Character)를 지향한다. 이른바 '깡다구 러블리(Lovely)' 캐릭터이다.

최병영 시인은 '깡태의 꿈'이라는 큰 타이틀을 통해, 깡태라고 정해진 삶의 위치와 한계상황을 인정하지 않는다. 현실 안주를 거부하는 반항의 목소리가 내재되어 있다. 이는 새로운 탄생을 예고하는 마그마(Magma)가 되어 창조의 활화산을 분출시키는 중대한 핵심 모티프(Motif)로 작용한다. 시인은 현실을 극복해서 "언젠가는 명태 최고 상품의 브랜드로 불리는 황태로 거듭 태어나야 한다."고 역설하고 있다. 그런가 하면, 비록 황태와 같은 모습은 아닐지라도 제사상에 올려졌던 깡태 본연의 모습에 순응하며 살아가야 한다는 목소리 또한 내포하고 있는 것이다.

일반적으로 명태는 상태에 따라 생태, 동태, 북어(건태), 황태, 코다리, 백태, 흑태, 깡태 등으로 불린다. 생태는 싱싱한 생물 상태를 이르며 동태는 얼린 것, 북어(건태)는 말린 것이다. 황태는 한 겨울철에 명태를 일교차가 큰 덕장에 걸어 차가운 바람을 맞으며 얼고 녹기를 스무 번 이상 반복해 노랗게 변한 북어를 말한다. 얼어붙어서 더덕처럼 마른 북어라 하여 더덕북어라고 불리기도 한다. 코다리는 내장과 아가미를 빼고 4~5마리를 한 코에 꿰어 말린 것이다. 그밖에 하얗게 말린 것을 이르는 백태, 검게 말린 것을 이르는 흑태, 딱딱하게 마른 것을 이르는 깡태 등이 있다. 최병영 시인은 '깡태 철학' 을 통해 대한민국을 대표하는 '깡태 리더십' 마저 시사해주고 있다. 명태의 다양한 이름 중에, 굳이 깡태에 집착하고 있는 이유는 뭘까? 그 이유는 간단하다. 깡태가 되기까지의 과정이야말로 인간이 인간답게 변화되는 '자기 수련의 결정체' 라는 점에서 그 원인을 찾아 볼 수 있다.

딱딱하고 깡마른 깡태의 모습일지라도, 한때는 동해 바다를 가슴에 품은 황태의 거대한 심상을 가진 뜨거운 열정의 화신이었다는 사실을 누구도 모른다. 기꺼이 조상의 제사상에 올려진 신성한 깡태의 삶을 선택하고, 멀리 떨어진 일가친척들이 옹기종기 모여 앉아 서로 정담을 나누는 음복주의 귀한 안주가 되는 것 역시 부끄럽지 않게 여길 줄 아는 미덕까지 갖추고 있다. 노랗고 쫄깃쫄깃한 황태 해장국은 아닐지라도 제 몸을 으깨고 갈기갈기 찢어내어 세상 사람들에게 조금씩 나눠주는 삶도 무에 나쁘랴.

최병영은 시인은 마음이 넉넉한 주성(酒聖)의 전형을

갖고 있다. 두보와 마찬가지로 술에 대한 그의 감성은 연작시 '술이란 녀석' 의 부제를 통해 술맛을 감칠맛 나게 만들고 있다.

언덕배기 미끄러워 굴러 내리고
다리 난간 매달려 대롱거릴 때
'참이슬' 맑은 눈빛으로
새로운 세상을 열던 그대
'처음처럼' 순수하게 살아가자고
다정하게 속삭이고 다독이던
그래, 네가 있었지

적요한 영혼의 정수리에
황망히 불길 지피고
천연덕스럽게 뒷짐 지고 바라보는
그래, 네가 있었지.

—「그래, 네가 있었지-술이란 녀석 · 1」 일부

시인에게 있어, 술이란 단순한 의미의 기호품이 아니다. 삶의 동반자적 의미까지 확대할 수 있는 반려주인 것이다. 그래서 시인은 술을 자신의 삶을 반성하고 새로운 각오를 다지게 만드는 유토피아(Utopia)적 출구로 바라보고 있다. 시인은 술 한 잔을 기울이면서도 '인생' 을 논할 수 있는 존재다.

아따, 쓴 거

소태 같은 세상살이
원래 그렇다지

네 잘못 아니거늘,

슬픔 삼키고
아픔 삼키고

간밤 쓰린 속
해장술로 달래며

네 탓하는 사람들.

—「인생-술이란 녀석 · 2」 전문

인간의 삶에 있어 희로애락(喜怒哀樂)의 연장선에 항상 등장하는 것 중에 하나가 바로 술이다. 슬프고 아플 때, 한 잔 술은 삶의 위로가 되며, 상처 난 마음을 스스로 비워내고 정제시키는 기폭제가 된다. 술맛에 푹 빠진 시인은 술을 '뜨거운 여인' 으로 바라보는 과감함마저 보여준다.

한여름 박 속 같은 웃음 짓고
밀밀한 언어의 유희
과장된 몸짓의 유혹으로
스르르 발효하는 분홍빛 정념
별빛 시린 밤

애틋하고 격정적인 그대는
살갗마다 모공 활짝 열어젖히고
대장간 풀무처럼 뜨거웠지

—「뜨거운 여인-술이란 녀석 · 3」 일부

술에 취하고 따뜻한 세상에 취하고 싶은 시인의 감성은 끝이 없다. 술 한 잔 마셨으니, 그의 몸은 예술적 취기로 가득하고, 어느새 세상을 향한 시인의 투박한 노래 소리가 불려진다. 「풍물놀이 · 2-시나위 · 28」에 맞추어 어깨춤을 추고 있다.

동트는 태양의 빛살
마디마디 전율로 격동치는
검붉은 타악의 소용돌이
티 없는 숫돌로 결을 갈아
얼어붙은 대지 쓸어가며
부상(浮上)하는 신명이 생을 분출한다
오롯이 장구와 북의 소리길 트고
꽹과리와 징의 파장 열어
공명 깊은 해원으로 굽이치는
저토록 우람한 원초의 생명들.

—「풍물놀이 · 2-시나위 · 28」 일부

꽹과리와 징소리 가락에 온몸을 실어, 얼쑤얼쑤 춤을 추며 걸판지게 놀고 있는 모습을 통해, 시인은 우리 민족의 정한(情恨)과 애환을 구성지게 묘사하고 있다. 이웅고 시인은 「정선 아리랑–시나위 · 34」을 절절하게 부르고 있다.

한 소절 한 소절
부적처럼 끌어안고 아리게 살아가는
깊고 애절한 노랫가락
곡진하게 온밤 지새우며 불러도
가슴에서 오히려 뜨겁게 울겅거리는
등나무 껍질 같은 설움덩이들

싸리 골 올동백 다 지는 계곡
사랑과 이별, 그리움과 아픔이
한으로 애절히 굽이치는 정선

—「정선 아리랑–시나위 · 34」 일부

강원도 정선은 우리 민족의 숨결이 살아 있는 곳이다. 더욱이 〈정선 아리랑〉이라는 노래로 일본 제국주의를 거부하고 대항한 시지프의 캐릭터를 발견할 수 있으며, 이는 한민족이 겪어야만 했던 아픔을 자생적으로 치유하는 '비극적 초월' 이미지를 고스란히 담아내고 있는 것이다. 최병영 시인이 이토록 강렬한 시대정신을 갖게 된 배경으로 오랜 교편생활을 꼽을 수 있다. 「검정칠판」을 통해 질타 섞인 시인의 목소리를 감지할 수 있다.

교문을 나설 즈음
검정칠판이 희끄무레해졌다

가식 없는 목청들이 질박하게 외치던
정의와 도덕과 양심도
덩달아 흐려졌다
창문으로 폭풍우 들이치고
칠판의 내장이 무참히 찢겼다

구멍 난 헌 양말짝처럼
칠판의 생명이
그렇게 끝나가고 있었다.

—「검정칠판」 일부

세계 속의 한국은 교육열로 가득한 나라로 인식되어 있다. 그럼에도 불구하고 시인은 우리 교단에서 정의, 도덕, 양심 등의 용어가 바로 설 수 없으며, '스승과 제자' 라는 미풍양속(美風良俗)조차 부재(不在)중인 현실을 개탄하고 있는 것이다. 시인은 「그대가 정녕 사랑하거든—대한민국 학부모에게 고함」이란 특별선언까지 하게 된다.

오지랖 넓은 그대여
사랑하거든 차라리 침묵하라
교권 추락으로 허실해진 교실
가벼이 스치는 숨결조차 상처일지니
상처 자국 퍼렇게 멍들지니
낡은 창틀 먼지 한 점 닦지 말고
뿌연 칠판 글씨 한 자 지우지 말고
꽃삽도 물뿌리개도 내려놓고

그냥 멀찍이 비켜서서
사랑으로 그렇게 침묵하라

—「그대가 정녕 사랑하거든-대한민국 학부모에게 고함」 일부

시인은 지성인 중에서 가장 존귀한 존재 중 하나다. '시인은 당대의 거울' 또는 '시대의 자화상'이라 하지 않았던가? 시인이 교편생활을 했던 당시 스승의 위치는 군사부일체(君師父一體)라는 말처럼 권위 있는 존재의 상징 그 자체였다. 그러나 어느 순간, 스승의 영역이 홀로 설 수 없을 만큼 학부모의 입김이 상상을 초월하는 현상까지 낳았다. 이에 시인은 "교사가 학생을 가르치는 지식 노동자 역할이 아닌, 제자들로부터 존경받는 참 스승상(像)을 구현할 수 있도록 교육환경을 만드는데 동참해 달라!"는 간절하고도 강한 메시지를 피력하고 있는 것이다.

2. 대자연으로의 회귀, 따뜻한 휴머니티를 세상에 남기다!

최병영 시인은 마음을 비우고 떠나는 법을 안다. 그의 따뜻한 시선은 대자연으로 돌아가려고 갈구하는 인간 본연의 회귀 본능 의식을 관통한다. 시인의 예리한 감성을 통해, 맑고 깨끗한 영혼을 별빛처럼 발산시키고 있는 것이다. 최병영 시인은 앞서 언급된 바와 같이, 평생을 교단에서 봉직하며 살아온 이력의 소유자이다. 오늘날

모든 스승들의 모습처럼 제자를 진정으로 사랑하고 아껴왔던 것과 같이, 이러했던 그의 인생 역정은 그를 최고의 시인으로 만드는 데 일조하고 있다. 최병영 시인의 필봉(筆鋒)은 프로 야구선수로 비유하자면, 완투 능력을 구비한 특급 선발투수에 가까운 내공과 구력을 갖고 있다. 그가 내면 깊숙하게 자리 잡은 영혼의 심상(心想)을 꺼내어 뿌려대는 이미지(Image)의 공 끝은 다양한 빛깔의 형태로 발산되는 팔색조(八色鳥)와 같은 마력을 갖고 있다. 그의 시어들은 속사포처럼 빠르다. 선명한 스펙트럼(Spectrum) 이미지들을 콜라 맛처럼 톡톡 쏘아대고 있다. 메이저리그에서도 통할 수 있는 패스트 볼, 체인지업, 커브, 슬라이더를 쉴 새 없이 뿌려대듯, 각양각색으로 변화하는 카타르시스(Catharsis)의 감성들을 전광석화처럼 던져댄다. 최병영 시인은 독자들을 놀라게 하는 파워풀(Powerful)한 시어의 무브먼트(Movement)를 갖고 있다. 마치 특급 투수가 타자들의 무릎 근처에서 낮게 깔리는 볼 끝을 생성시키는 것과 같은 강렬한 문학적 카리스마(Charisma)를 작렬시킨다. 타자들이 가장 두렵고 무서워하는 선수가 바로 무릎 근처에서 생성되는 볼을 갖고 있는 투수이다. 경기를 시종일관 지배하는 투수는 경기장을 찾아온 팬들로부터 수많은 박수갈채와 각광을 받는다. 최병영 시인은 이미 두 권의 시집과 수필집을 세상에 내놓은 중견작가로서 일련의 독자 군(群)을 형성하고 있다. 이번 제3시집 출간을 계기로, 최병영 시인의 문학적 역량은 기초가 튼튼한 투구밸런스(Balance)와 100마일(Mile)에 가까운 광속구(光速球)를 가진 투수처럼 흠 잡을 데 없는 최고의 기량을 겸비한 베테랑급 실력을 갖추고 있음을 확인시켜 주었다. 최병영 시인의 시적 언어들은 육각형 고리 구조로 완성된 육각수 맑은 샘물과 같이 시원하고 청명한 맛을 전달한다.

시인은 마음을 비워내는 길을 떠나고 있다. 「먼 길 떠날 적에는-낙엽」에서 이를 확인할 수 있다.

먼 길 떠날 적에는
아려도 돌아보지 마소서
인연의 정에 매인 만상들
그냥 제자리에 두고
바랑 지고 산문 나서는 행자처럼
휘적휘적
바람 따라 그리 가소서

—「먼 길 떠날 적에는-낙엽」 일부

"모든 것을 내려놓을 때, 비로소 더 큰 세상이 보인다."라고 하였던가? 비워내는 것의 철학적 사유(思惟)를 바탕으로, "뒤돌아보지 않고 떠나는 행자와 같이, 바람 따라 가자!"는 시인의 음성이 나지막하게 들린다. 시인의 발길은 「길」에 놓여 있다.

하룻밤 자고 나면
무수히 생겨나고 사라지는 길
주둥이 큰 표주박으로
퍼내고 퍼내도 출렁이는 애수

길이 시작되는 곳에서 길을 열고
길이 끝나는 곳에서 길을 접는다
… (중략) …
곧은길에서 굽은 길로
신작로에서 오솔길로
끊어진 길에 길을 이어놓고 거기서
아릿한 추억을 만나고
애절한 그리움을 만나고
차오르는 희망을 만난다.

—「길」 일부

길은 시작과 끝이 현존하는 인생의 축소판이다. 또한 추억, 그리움, 희망 등을 제각각 느낄 수 있는 체험의 장(場)이다. 시인은 그렇게 걸어온 길을 다 내려놓고, 삶을 안주할 길에 대한 새로운 자각(自覺)을 반복한다. 비워냄의 미학을 터득한 채, 황망한 길을 걸어간다. 이윽고 그가 도달한 곳은 '바다' 였다. 시인의 활달한 심상(心象)은 「동해에서–거진 앞바다」를 통해 확인할 수 있다.

검푸른 동해, 그곳에선
상처 난 나비들이 바다에 나간다
… (중략) …
검푸른 동해, 그곳에선
지문 없는 상처투성이 나비가
한 해 겨울나기 위해
파도에 잿빛 날개 씻으며

화석 같은 등껍질을 문지르고 있다.

—「동해에서-거진 앞바다」 일부

바다는 인류의 모태(母胎)이다. 특히 삼면(三面)이 바다인 우리나라에서 동해(東海)는 가장 깊고 푸른 어장을 갖고 있다. 이곳에서 수부(水夫)들은 거친 풍랑과 싸우며 만선(滿船)의 꿈을 꾸며 동해로 나선다. 시인의 섬세한 눈빛은 「서해에서-무창포 앞바다」를 통해 섬광처럼 빛나고 있다.

서해, 그곳엔 오디 빛 섬이 있다

곰실거리는 바다, 저만치서 작은 섬 하나 출렁댄다. 바다가 게걸스레 삼킨 섬은 겨우 날갯죽지만 살아남아 퍼덕인다. 파도가 가뭇가뭇 여인의 허벅지를 물 위로 뱉어낸다. 소금내보다 진한 향이 지친 넋을 휘감는다. 육감적인 향이 자꾸만 경박한 욕구를 채근질한다.

—「서해에서-무창포 앞바다」 일부

싱그러운 활어(活語)들이 재잘거리듯, 각 행과 연의 시어들마다 유기적인 상호작용을 하며 거대한 바다 이미지를 실어 나르고 있다. 시인의 영감은 한 편의 작품일지라도 지상의 수많은 풀잎들의 밤하늘을 환히 밝히는 별빛들을 탄생시키는 위대한 에너지원으로 작용한다. 인용된 시는 최병영 시인의 작품 중에서 백미(白眉) 중의 백미로 꼽을 수 있을 만큼 살아 움직이는 최고의 이미지를 표출시키고 있다. 금방이라도 바다 위로 튕겨져 오를 것만 같은 활어(活魚)들이 파도를 타고 넘나든다. 시인의 염원은 「남해에서-완도 앞바다」를 통해 확장되고 있다.

임이여, 잰걸음으로 가뻬 오소서
은빛 나래 눈부시게 펼치고
투명한 햇살 부서지는 파도
검푸른 등성이 타고 넘어
자박자박
꿈길인 듯 그리 오소서
… (중략) …
등대 불빛 한 자락 물고
신열 앓는 사연들이 들끓는 파랑
그 등 굽은 물골 더듬어
매운바람도 맥을 놓는
고요의 심연으로
너울너울 춤추며 그리 오소서.

—「남해에서-완도 앞바다」 일부

남태평양을 향해 온몸을 불사르는 파도의 속성처럼 쉼없이 스스로를 비워내는 일상(日常)이란 장엄하고 숭고한 자기 성찰(省察)의 길이다. 죽지 않는 파도소리와 같이, 욕망과 번뇌를 다 비워내는 삶이야말로 비로소 죽지 않는 피안(彼岸)의 길임을 시인은 인식하고 있는 것이다. 이는 진리를 깨닫고 도달할 수 있는 이상적 경지를 간파하고 있는 사유의 세계이다. 시인의 심상은 어느새 분단의 상징인 「월정리 역」에 당도해 있다.

철마여, 이제 그만 훌훌 털고 일어나
어둠 뚫고 날아가는 금빛 화살처럼
소슬한 바람소리 가르며
그리로 힘차게 달리거라

경원선 남측 최북단
월정리 역
시뻘겋게 녹슨 세월의 폿대 끝에
난파한 잔해처럼 너부러진 기적소리
달리지 못하는 날들
얼마나 아프고 슬펐을까
탐스럽게 꽃망울 터지는 마당에서
역사(驛舍)는 무료히 적막을 쓸어대고
부식된 이정표엔 바람소리 덩그렇다

피의 능선 아래
바람조차 숨죽이고 살아야 했던
광란의 세월
북녘으로 뻗은 철길엔
오욕의 풀씨가 키운 잡초만 웃자랐다
서울에서 예까지 104㎞이고,
예서 평강까진 19㎞ 남짓인데
승객 끊긴 고적한 역사에서
기차는 망연히 넋을 놓고

철길에 나뒹구는 불화살만 줍는다

—「월정리 역」 일부

6 · 25 전쟁은 남(南)과 북(北)의 분단을 낳게 만들었고, 이산가족까지 만드는 단초를 제공하였다. '월정리 역'은 전쟁으로 파생된 오욕(汚辱)의 산물이다. 철마(鐵馬)의 기적소리가 멈춘 지 벌써 반세기가 훨씬 지났는데도, 역사(驛舍)의 현장 속에서 부식되고 있는 이정표를 바라봐야 하는 시인의 감성이 그대로 녹아 있다. 시인은 「철원 노동당사」에 시선을 멈춘다.

처참히 부서지고 무너져
뼈대 앙상한 당사
고문과 학살의 현장에서
빗속에 울부짖는
한 많은 혼의 곡소리
앞마당 무궁화는 활짝 피었건만
하늘은 여직 저리도 슬프던가

사상과 이념에 코뚜레 꿰어
극한적 고통으로 버둥대던 그날
철사 줄에 묶여 살육된
검붉은 넋들의 아우성
못다 한 생 원통하여
진혼의 풀씨로 돋았는가

흙 한 줌 없는 건물더미
벽돌 틈새 비집어 든
무명의 풀꽃 위무(慰撫)하려
굴곡진 역사의 뒤안길에서
설운 넋 태워 추념하는
조종소리.

—「철원 노동당사」 전문

시인에게 있어 따뜻한 감성이란 중요한 문학적 요체로 볼 수 있다. 최병영 시인은 대자연으로의 회귀를 위한 인간의 본연의 모습을 진정한 비워냄의 실체로 바라본다. 시인은 따스한 휴머니티를 미적 감각으로 여기면서, 6·25 전쟁의 파편들을 큰 바다와 같은 시인의 심상(心想) 속으로 쓸어 담고 있는 숭고한 작업도 마다 않는다. 이는 곧 그의 제3시집을 종결짓는 마침표로 작용하고 동시에 한국 서정시의 새로운 지평을 여는 깜짝 놀랄만한 중대한 사건을 만들었다. 다시 말하자면 그의 제3시집 발간은 한국현대문학사에 신선한 충격일 뿐만 아니라, 귀중한 문학적 가치를 반영하고 있는 것이다. 이에 따라 그의 등장은 노벨문학상 후보로도 손색없는 수작(秀作)을 쓰기 시작했음을 알리는 신호탄과 같은 신선한 충격이라 아니할 수 없다.

파노라마 형식의 장대한 영화를 한 편 본 것처럼 그의 시집을 숙독하자마자, 머리가 맑아지는 듯한 감동의 삼매경에 다다른다. 따뜻한 휴머니티로 세상을 재탄생시키듯 정신을 혼미하게 만들고 온 몸마저 부드럽게 자극한다.

결국 최병영 시인은 이 시대가 낳은 최고의 작가 반열에 탄탄히 오른 것이다.

"독자들이여, 현대판 두보(杜甫)의 부활(復活)에 주목하라! 깡태 캐릭터야말로 오늘날 우리 시대의 한계상황을 극복하는 최고의 아이콘임을 최병영 시인이 입증시켜 주었다."

멋과 풍류를 아우르는 이 시대의 진정한 문인

— 최병영 시인의 내밀한 작품세계를 더듬으며

정 성 희(수필가)

어찌 저리도 시를 잘 빚어낼까. 사물을 묘사하는 그의 시어에는 마치 신이 강림한 듯 언어적 유희가 참으로 미려하다. 삶의 질긴 애환과 사회모순에 대한 울분과 사랑의 애틋한 정한과 풍물세계의 오묘한 두드림의 미학을 그린 시어 하나하나가 그의 내밀한 영혼의 언어로 빚어져, 연신 열린 감탄은 입을 다물 줄 모른다. 그가 손끝에서 주물럭거릴 적마다 화수분처럼 쏟아지는 유려한 작품에 숨조차 제대로 쉴 수가 없다.

최병영 시인은 돗자리만 한 자루에다 일상의 지리멸렬함을 쓸어 담아 시로 향기를 지핀 세 번째 시집을 세상에 상재함을 축하한다. 이번 시집을 내기까지 고치고 다듬고 어르기를 수없이 거듭했다고 한다. 그의 공력이 구절구절 행간마다 배어 있기에, 온 정성을 다해 시 한 편 한 편을 소중히 감상해나간다.

시인의 시 한 편 한 편에는 그의 철학과 사유가 깃든 내면의 심적 나상이 함축과 묘사를 통해 적절하게 잘 의미화되어 있다. 존재에 대한 깊은 성찰과 삶에 대한 통찰력과 심오한 사상, 고매한 인품, 해박한 지식이 시어마다 살아 그의 문학을 꽃피운다. 시인의 시는 산야에 핀 들국화 같이 소박하고 담백하다. 자신을 과장해서 내보이거나 남 앞에 나서서 뽐내려 들지 않고, 있는 그대로의 진솔한 모습을 꾸밈없이 보여준다. 무미한 듯 깊은 맛을 내는 맹물 같은 그런 무기교의 기교랄까. 그러기에 그의 시는 단번에 눈길을 끌지 않지만, 읽을수록 맛이 나는 은은한 향기가 스며 있다. 감칠맛 나는 유려한 문장들, 간결하면서도 힘 있는 주장, 난삽하지도 넘치지도 않는 언어의 흐름을 통해 다 읽고 나서도 왠지 손에서 놓고 싶지 않은 여운을 남긴다.

일회용 커피를 탄다

손바닥만 한 유리창으로
집 뒤 텃밭 풍경 들이치고
찻잔에 눈꽃 무성해진다

밭고랑마다 푹신푹신
두툼한 목화솜 이불 덮고
한겨울 나는데,

어디선가
점점 또렷해지는 봄의 헛기침 소리

겨울은 홑이불처럼 엷어지고
찻잔에서 실실 버들개지 움튼다

커피잔 저을 때마다
가까이서 얼음장 깨어지고
개울물 졸졸거리는 소리

행여, 홑이불 더 엷어질까 봐
흘끔흘끔
곁눈질로만 밭고랑 훔쳐본다.

—「입춘」 전문

하찮은 돌멩이 하나, 풀잎 하나도 예사로이 보지 않는 세심한 관찰력과 통찰력으로 일상적인 사물을 그만의 독특한 이미지로 해석하여 시로 풀어낸 문예미학적인 수작이라 할 수 있다. 그날이 그날인 밋밋한 일상에서 이처럼 참신한 소재를 찾아 삶의 의미와 연관시켜 한 편의 시로 엮어내는 일은 결코 녹록지 않다. 비유가 뛰어나고 발상이 돋보이며 사물에 대한 심오한 사색과 풍부한 상상력, 뛰어난 예술 감각을 바탕으로 빚어낸 시인의 시에는 건빵 속 별사탕 같은 톡톡 튀는 언어적 감각이 참으로 신선하다.

가뭇한 밤
새벽이슬 젖은 별빛
문풍지 비집고 각시방 들면
쏴아아아—

새하얀 보름달
놋요강에 폭포수 쏟아낸다

깊고 붉은 정염
스르르
치마끈 풀어지는 소리
마른 침 꼴깍 삼키며
흥건한 사랑의 격정 엿보다가
쏴아아아—
한여름 소나기 맞고
새벽잠 설친 놋요강

—「놋요강」 일부

인간 내부의 퇴적물을 받아내는 요강을 안방으로 끌어들인 시인은, 부부애를 돋우는 애구(愛具)로 시구 속에 담아 다시 되살려놓았다. 실용적인 옛 문명의 이기를 여인과 은밀하게 연결시킨 그의 시를 읽노라니, 누군가 내 알몸을 훔쳐보는 듯한 느낌이 들어 얼굴이 화끈 달아오른다. 그런 시인에겐 야릇한 끌림이 있다. 성경을 훑어보면, 성적인 매력을 지닌 여인을 아름답게 표현한 구절이 있다. 다윗을 유혹한 밧세바가 그러하고, 아브라함의 아내 사라와 이삭의 아내 리브 또한 그러하다. 왕비 에스처 역시 자신의 성적 매력을 이용하여 이스라엘을 위기에서 구해낸 일화도 여기에 한몫 거든다. 이로 미루어보아 성적 매력이 타인의 시선을 훔치는 마력(魔力)이 된다는 현대인들의 신(新)처세술이 빈말은 아닐 성싶다. 시인에겐 그런 끌림이 있다고 본다.

-눈이 올라나, 비가 올라나
만수산 먹장구름 몰려드는
강원도 두메산골
굽이굽이 열두 고개 넘으며
능선처럼 비탈진 노래 한 곡 흥얼댄다
슬픔과 설움으로 닳고 닳은
한 많은 곡조
치렁치렁 늘어지는 느릿한 타령

—「정선 아리랑-시나위 · 34」 일부

이 땅에 뿌리내려 끈질긴 생명력으로 살아온 민초들의 고달픈 삶과 애환을 소리로 흥건히 풀어내고, 그것을 시에 담아 질박하게 빚어낸 수려한 작품이다. 시인은 전통문화에 대한 해박한 지식과 뛰어난 풍물 연주력을 갖춘 풍물패마당의 상쇠이다. 그는 우리의 전통적인 정서라 할 수 있는 흥과 한을 풍물소리로 푸지게 풀어내어 시 속에다 절여둔다. 긴 강물처럼 곡절을 겪으면서 흘러온 풍물가락이 자지러지는 꽹과리소리에 농익어 긴다. 그 소리는 허공으로 퍼져가는 것이 아니라 가슴속으로 들어와서 잔잔한 감동의 파장을 일으킨다. 근원을 만난 것처럼 세상에 나오기 전, 내 어미 탯줄 따라 전해들은 바로 그 정겨운 소리가 아니던가. 세월의 뒤란 저편으로 사라져가는 옛것들을 풍물소리로 옹골지게 풀어내어 해탈에 이르는 시인의 예술세계에 마술 걸린 듯 나도 덩달아 무아

지경이 된다. 문명의 번화가 서울 도심지에서 전통풍물 가락의 신명을 시로 전하는 그는, 21세기의 진정한 풍류 시인임에 틀림없다. 둥그런 쇠를 두드리며 가슴속 소용돌이를 잠재우기도 하고, 밤새워 시를 쓰면서 얼레기도 하는 너울진 삶의 방식이 나를 한없이 주눅 들게 한다.

벌써 몇 잔째던가
봉창에 달무리 젖어드는
낙동강 1,300리 외톨이 주막
잔에서 가만히 입술 떼어내니
도도한 취흥이 비틀걸음으로
강기슭에 질펀히 노을 한 자락 빚는다
은빛 머릿결 주억대는 억새 숲으로
붉은 해 설핏 잦아드는데
어두워지며 몸 뒤트는
강의 기척 소리.

—「삼강주막」 일부

숨겨진 금맥을 찾는 갱부처럼 세월 속에 매몰된 소재를 조심스럽게 세상 밖으로 끄집어낸 시인은, 천 개의 눈과 귀를 가진 심안으로 죽어 있던 사물에 생명을 불어넣고 혹독한 세련의 단계를 거쳐 시로 창작한 정겨운 풍경이 그려지는 작품이다.

언덕배기 미끄러워 굴러 내리고
다리 난간 매달려 대롱거릴 때

'참이슬' 맑은 눈빛으로
새로운 세상을 열던 그대
'처음처럼' 순수하게 살아가자고
다정하게 속삭이고 다독이던
그래, 네가 있었지

—「그래, 네가 있었지-술이란 녀석 · 1」 일부

술이 몸속에 들어가면 대장간 풀무처럼 불을 지핀다. 뜨겁고 강렬한 불 에너지가 해묵은 응어리를 녹여주기도 하고 엉킨 실타래를 풀어내기도 하면서 막힌 숨통을 뚫어준다. 그래서일까. 술은 귀신도 좋아하는지, 고사상이나 제사상에도 빠지지 않는다. 역대의 왕후장상과 영웅호걸, 문인묵객 중에서 술을 좋아하지 않는 이가 있었던가. 당대의 시인 이태백이 그러하고 두보 또한 그러하지 않았던가. 술이 달을 마셨는지, 달이 술에 취했는지 술을 주제로 그들이 남긴 작품은 적지 않다. 그런 술을 최병영 시인인들 무슨 재간으로 마다하겠는가. 나는 시인에게 술 한 잔 그득히 부어 권한다. 술잔이 그의 시속에 찰랑찰랑 부서지고 있다. 거나하게 취한 시인과 나는 이태백이 되고 두보가 되어, 열이레 달빛 아래 청량한 바람소리 맞으며 대청마루에 올라 시구를 읊조린다. 시인은 술잔 속에 비친 달을 읊고, 나는 달 속에 어린 그의 시를 건져낸다.

어둠이 부레처럼 융기하는 하늘
가장자리에 촘촘히 별무리 돋는다
눈 비비고야 겨우 망막에 들어서는

저 희미한 발광체
아직은, 제 숨소리조차 난감하다
태양계 큰 별로 우뚝 서고자
꼬리 살랑대며 방패연처럼 날아보지만
제 영혼 갉아대는 어리석은 몸짓
어둠은 가난처럼 융성하고
목덜미 스치는 바람 빙하보다 시리다

—「제 영혼을 갉아대는 별들-신인문학상 시상식」 일부

요사이 문예지에 발표되는 작품들을 훑어보면 시답잖은 덜 여문 신변잡사들만 잔뜩 늘어놓다가, 구렁이 담 넘어 가듯 어물쩍 봉합한 글들이 수두룩하다. 책이 쏟아지다 보니 작가는 천덕꾸러기가 되고, 책 한 권이 커피 한 잔의 값에도 못 미치는 경우가 허다하다. 활자문화가 위기를 맞고 상업문화가 범람해도, 바닷물의 3% 소금이 바다를 썩지 않게 하듯 휘청거리는 문학을 일으키려는 3%의 우직한 문인들의 값진 노고가 있기에, 문학다운 문학이 아직도 건재할 수 있지 않을까. 지극정성으로 마음을 담아 자신의 얼과 체취가 배인 글을 써가는 최병영 시인의 숨은 손길과 땀내가 행간마다 들려온다. 그가 엮어낸 세상이야기는 단순히 개인적인 신변잡사의 넋두리가 아니라, 삶 속에서 진실을 발견하고 본질을 탐구하며 의미를 창출해내려는 존재자로서의 고뇌가 어린다. 그러기에 그의 시는 어떤 글보다 진지하고 심오하다. 오늘도 공들인 것에 비해 헛농사가 될지언정, 시인은 묵묵히 글밭에 씨를 뿌리고 땅을 경작한다.

그리움에 시린 낮달
망연히 떠도는 중천
부유하는 양털구름 한 자락
느릿느릿 산등성이 넘는다
연지분내 흩뿌리던 여인
젖은 머리 찰랑대며
바람 도는 계곡으로 내려서고
퍼렇게 멍울진 이름 하나
탱자가시처럼 아리게 찔러온다

먹지에서 돋아나는 그리움
순백의 한지에 거르고 걸러
소담스레 꽃망울 피웠건만
석류꽃 낭자하게 지는 길섶
연지분내 산새가 죄다 쪼아 먹고
임의 발자국엔 푸른 달빛만 찰랑댄다

산안개 자욱한 고갯마루
설핏설핏 여우비 내리고
단풍잎에 쓴 주홍빛 연서
팔랑팔랑 지는 밤
가풀막진 인생길
설렁설렁 스쳐가는 것이
어찌 바람뿐이랴.

—「세상에 어찌 바람뿐이랴」 일부

상처도 오래되면 둥글어지는가 보다. 못물이 마르듯 한때 애간장을 태웠던 사랑을 나직하게 되뇌는 시인의 애절한 연모가 느껴진다. 지독한 사랑의 열병을 앓아보지 않고서는 쉬이 우려낼 수 없는, 그런 경지에 이른 아름다운 서정적인 작품이라 여겨진다. 누군가를 사랑하고 그리워하는 것만큼 문학이 되고, 예술이 되는 일이 어디 그리 흔하겠는가. 암 병동 일본인 의사 오츠 씨는 그의 저서 『죽을 때 후회하는 스물다섯 가지』에서 생의 마지막을 앞둔 사람들이 가장 후회하는 과거들을 소개했다. 그중에서 영혼 깊이 남을 만한 사랑을 하지 않았던 것이 상위권에 해당된다. 알싸한 풀꽃향기 같은 그리움으로 되새겨볼 추억이 없는 인생은 종교가 없는 삶처럼 황량함을 일깨워준 것이다. 맺을 수 없는 사랑을 하고, 견딜 수 없는 아픔을 겪고, 이룰 수 없는 꿈을 꾸자는 돈키호테의 말에 힘을 실어, 앞뜰에 산수유가 벙글어지면 향긋한 꽃향기 내뿜으며 연애하고 싶다. 이루어질 수 없는, 제자리에 돌려주어야 할, 꽃잎처럼 허망하게 지는 사랑인들 어떠하리. 가슴에 남모를 연정을 품고 광란의 춤을 추며 샛노랗게 익어간들 어떠하리.

가슴 깊이 곱게 갈무리해둔 쪽빛 그리움을 나들이시켜 아름다운 문학작품으로 승화시킨 시인의 시를 읽노라니, 한숨이 절로 새어나온다. 솜씨 없는 목수가 연장 나무란다고, 시 한 편 빚는데 스무 번 이상 손이 간 시인의 정성은 뒷전이고 염치없게도 그의 시에만 눈독을 들인다. 단 1초도 허투루 낭비하지 않는 치열한 작가정신과 열정이 내 영혼 속으로 빙의되어 내 글에도 아름다운 문구들이 술술 쏟아졌으면 한다. 머지않아 봄을 마중할 꽃나무처럼 소리 없는 시인의 부지런함을 닮고 싶다.

내가 시인을 알게 된 건 영혼에의 이끌림이었는지도 모른다. 그는 사람들 틈새에서 조각처럼 도드라졌다. 가까이 다가가지 못하게 하면서도 시선을 붙잡는 마력 같은 힘이 있다고나 할까. 웅숭깊은 그늘 뒤에 드리워진, 우수에 젖은 듯한, 수수께끼 같은 그의 예술세계가 내 눈길을 떼어놓지 못하게 한 것이다. 언제부터인가 내 삶에 그의 문학이 둥지를 틀었다. 우연을 가장한 운명적인 동거랄까. 사물에 대한 해박한 지식과 웅숭깊은 내면의 깊이로 우려낸 그의 시들은 내 수필의 길라잡이가 되어 든든한 버팀목이 되고 있다. 오늘도 나는 현상에 찌든 일상을 시로 아름답게 형상화시키는 시인의 문학세계에 투박한 내 글을 사알짝 세 들어 둔다.

정성희

대구교도소 교도관
평사리토지문학 대상, 공무원문예대전 최우수상, 중봉조헌문학 우수상, 천강문학 대상, 사계 김장생문학상 수상

문학세계대표작가선 684

깡태의 꿈

최병영 제3시집

인쇄 1판 1쇄 2013년 5월 3일
발행 1판 1쇄 2013년 5월 10일

지 은 이 : 최병영
펴 낸 이 : 金天雨
펴 낸 곳 : 도서출판 天雨
등 록 : 1992. 2. 15. 제1-1307호
주 소 : 서울시 성동구 무학봉28길 6 금용빌딩 2F(하왕십리동 966-23)
전 화 : 02)2298-7661
팩 스 : 02)2298-7665
http://www.moonhaknet.com
E-mail : ing@moonhaknet.com

값 10,000원

ISBN 978-89-7954-536-4